Verlag und Druck: tredition GmbH, Hamburg

ISBN
Paperback: 978-3-7482-3956-7
Hardcover: 978-3-7482-3957-4
e-Book: 978-3-7482-3958-1

Inhaltsverzeichnis

Kapitel 1

Strom, Wasser und Wärme für alle Menschen kostengünstig auf der Welt.

Kapitel 2

Gesundheit für alle, 100 Jahre und älter werden ohne Krankheiten

Kapitel 3

Darstellung der Krämerischen Weltallformel und Bestimmung der Weltallmasse

Kapitel 4

Die Industrien in Deutschland

Kapitel 5

Die politische Neuordnung aller Länder weltweit

Kapitel 6

Die friedliche und grüne Zukunft aller Menschen weltweit

Kapitel 7

Appel an die Welt und Danksagung

Die fünfte industrielle Revolution

ein Buch von Dipl.-Ing. Frank Krämer

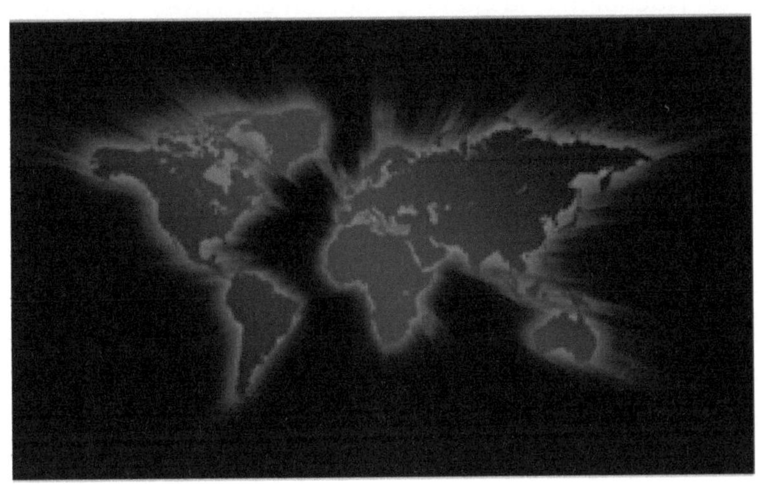

Über den Autor

Frank Krämer wurde 1962 in Duisburg als Sohn eines Thyssen Facharbeiters und einer Mutter als Verkäuferin geboren. Er war 2 mal verheiratet und hat 3 Kinder, darunter eins aus Indonesien und dort lebend. Nach Abschluss seines Hauptschulabschlusses hat er eine Lehre bei der Firma Thyssen als Rohrinstallateur erfolgreich abgeschlossen und anschließend noch 2 Jahre als Geselle an Hochöfen und Stahlschmelzen bei Thyssen gearbeitet. Seine mittlere Reife holte er nach der Zeit bei Thyssen in 1,5 Jahren, sowie sein Fachabitur in einem weiteren Jahr nach. Herr Krämer studierte anschliessend Energie- und Wärmetechnik in Gießen und konnte sein Studium erfolgreich nach 4,5 Jahren als Dipl.-Ing. abschliessen, sowie eine Beschreibung zur einfachen schlauchartigen Aussen Containerkühlung auf Schiffen in einem Buch veröffentlichen.Mit anschliessenden Arbeitsvertrag bei der Firma Siemens konnte Herr Krämer in knapp 2 Jahren ein 230 MW grosses Kohlekraftwerk im Saarland neu in Betrieb nehmen. Nach dieser Zeit ist er für die Firma RWE weitere 5 Jahre tätig gewesen und konnte in Kohlekraftwerken, Müllkraftwerken und Gasturbinenkraftwerken tätig sein. Parallel zu seiner RWE Tätigkeit verfügt Herr Krämer über zahlreiche Fachabschlüsse im Bereich der Wirtschaft, erworben an der Wirtschafts-Fachhochschule in Frankfurt. Seit 1995 verfolgt Herr Krämer seine eigenen Kraftwerksgeschäfte mit dem Kauf- und Verkauf, sowie der Überholung von Kraftwerksanlagen weltweit. Seine ehemaligen Firmen TUBA Turbine und Frank Krämer Power Solution sind nicht mehr auf dem Markt vertreten, da Herr Krämer sich im Jahre 2017 komplett neu und CO_2 frei gegen schädliche Verbrennungsprozesse orientiert hat. Die seit dem Jahr 2006 bestehende TUBA, (www.tuba-ag.com) mit Sitz in Indonesien, wird in eine Aktiengesellschaft mit Sitz in Frankfurt am Main umgewandelt, dies ermöglicht allen Menschen auf der Welt den Kauf von eigenen TUBA Aktien einen sehr hohen Gewinnzuwachs in kürzester Zeit zu erhalten und um ein CO_2 freies Gewissen zu haben und zur Erhaltung der Menschheit beitragen. Durch seine zahlreichen beruflichen Reisen und Kraftwerkstätigkeiten in den

Yemen, Iran, Thailand, Malaysia, Indonesia, Dubai, Qatar, Saudi
Arabia, Sierra Leone, etc. konnte er reichlich Menschenkenntnis
und Erfahrungen sammeln, nicht nur bei seiner erfolgten Einla-
dung beim König von Malaysia. An weiteren Entwicklungen arbeitet Herr Krämer mit TUBA im Moment auch an Auto-Klimaan-
lagen mit Peltierelementen, Plasmatechnologie mit Geothermalkraftwerken weltweit zur Stromerzeugung und umweltfreundlichen Müllentsorgung mit Plasmatechnik, sichere Entsorgung von
Atomabfällen mit Plasma Bohrtechnik und Entsorgung der Atom-
abfälle ins Erdinnere und Ersatz aller Atomkraftwerks-Brennstä-
be mit Plasma-Geothermal-Bohrtechnik und Nutzung der inneren
Erdwärme, Herstellung und Verkauf von kostenlosen Strom und
Trinkwasser (Grundrechte des Menschen) für alle Menschen
auf der Welt, Weiterentwicklung von Wasserstoffautos bis hin zu
Autos die nur mit Leitungswasser betrieben werden, freie Ener-
giemotorenautos die ohne Treibstoff fahren, effektive und leichte,
effektive umweltfreundliche Algenbatterien, freie Energie und
Wasserstoff Mini Blockheizkraftwerke für Haushalte zur eigenen
autarken kostenlosen Strom und Wärmeerzeugung, Entwicklung
eines Stromspeichers über die Stromcloud zur kabellosen Verteilung und Bezug von kostenlosem Strom für alle Menschen auf
der Welt, Einführung von Tesla Türmen zur kabellosen Strom-
übertragung, Anbau von Jatropha Bio Öl Pflanzen in Asien oder
Saudi Arabien für die Begrünung der Wüsten und der eigenen
Stromversorgung mit Stromgeneratoren für Entwicklungsländer
und als Ersatztreibstoff für die umweltschädlichen, schwerme-
tallbelasteten Kerosintreibstoffe in Flugzeugturbinen, Einführung
von Keramikwerkstoffen in Gasturbinen zur wesentlichen Ge-
wichtsersparnis und damit Treibstoffersparnis, Vermarktung einer
echten rauchfreien Zigarette und Entwicklung einer Zigarette für
den Cannabiskonsum, Einführung von naturbelassenen, pesti-
zid-und verpackungsfreien Nahrungsmitteln für jedermann be-
zahlbar, Einführung von natürlich hergestellten Medikamenten
ohne Nebenwirkungen,Verbesserung der schlechten Trinkwasserqualität, Entwicklung eines neuen Verkehrssytemes für CO2
freie Städte und Strassen, Reduzierung aller CO2 Ausstösse

nach dem Verursacherprinzip, Beratung für den neuen Häuserbau mit Steinen aus Wüstensand, Verlagerung von hunderten nicht mehr benötigter und gut erhaltener Kraftwerksanlagen von Europa nach Afrika zur Versorgung mit Strom für eine Übergangszeit bis zur neuen Einführung CO2 freier Energieversorgung weltweit.

Die fünfte industrielle Revolution

Kostenloser Strom weltweit für alle, jeder wird sein eigener Energieversorger, über eine IBM Stromcloud wird Strom weltweit, kabellos gespeichert und verteilt. Strom kann über eine neue Kryptowährung ohne korrupte Banken gehandelt, ge- und verkauft werden. Verbrennungsprozesse und Atomkraftwerke zur Stromerzeugung mit Kohle, Öl und Gas sind nicht mehr notwendig. Radioaktiver Abfall aus Atomkraftwerken wird ins Erdinnere sicher entsorgt, da wo auch die radioaktive Strahlung herkommt. Jeder fährt Auto mit kostenloser Neutrinostrahlung aus dem Weltall CO2- und Treibstofffrei mit Teslas freien Energie Motoren. Meine Weltallformel zeigt die Masse des Weltalls, das unendlich viele Weltalle, mit einer jeweils bestimmten Masse existieren, jedes Weltall dehnt sich schneller aus als bisher gedacht, jedes Weltall ist mit Wurmlöchern miteinander verbunden, sämtliche Neutrinos, Atome, Wasser, Bakterien und Parasiten in allen Weltallen und natürlich auch auf unserer Erde und in uns Menschen kommunizieren miteinander. Jeder Mensch hat unendlich viele Spiegelbilder von sich auf unendlich vielen Weltallen mit jeweils unterschiedlichen Räumen und Zeiten. Windkraft- und Solaranlagen, sowie Wasser- und Atomkraftwerke sind nicht mehr notwendig, stattdessen werden Plasma Geothermalkraftwerke, einschl. Frischwasserproduktion, Wasserstoff, Jatropha-Pflanzenöl als Energieträger der Zukunft eingesetzt. Treibstoffverbräuche werden drastisch reduziert durch Carbonteile im Austausch gegen schwere Stahlteile in Flugzeugturbinen und vorhandenen Stromkraftwerken bis zur Zeit der Abschaltung. Nutzung und weltweite Anpflanzung von Jatropha Bio Öl als Ersatz Brennstoff zu dem schädlichen Kerosin für Flugzeugturbinen. Hausmüll wird umweltfreundlich mit Plasmatechnik zu kleinen Kugeln zerschmolzen. Kunststoffe werden ersetzt durch hochwertiges Carbon, Glas und Papier. Stahl Container werden ersetzt durch Kunstoff Container zur Treibstoffreduzierung des Güter-Transportes auf Strassen und dem Meer. Häuser werden aus Wüstensand gebaut um die wertvollen Ressourcen zu schonen. Wir werden 100 Jahre und älter und nicht krank bei richtiger en-

ergetischer Lebensweise, ohne chemisch hergestellte Medikamente und richtiger natürlicher Ernährung ohne die jetzige Weg-
werf-Grossindustrie mit ihrem perversen Verpackungswahnsinn
und Müllmafia. Keiner muss unter 100 Jahren im Altersheim aufbewahrt werden um auf seinen Tot qualvoll sterbend zu warten.
Lebensfreude und neidloses Miteinander wird wieder - auch
ohne schulmedizinische 75 % unnötige Operationen und Arztbehandlungen - möglich. Die Natur - richtig angewandt - bietet uns
alles was wir für ein erfülltes und glückliches Leben benötigen.
Durch künstliche Intelligenz verschmelzen intelligente menschliche Roboter mit uns Menschen, helfen uns in unserem Alltag
und versüssen ihn, kein Mensch ist mehr einsam und krank.
Durch neuste Lasertechnologie für Waffen können konventionelle Waffen ersetzt werden. Strom- und Wasserprobleme, Kriege,
Müllprobleme, Nahrungs,- Umwelt,- Chemieprobleme und chemisch hergestellte Medikamentenprobleme durch Nebenwirkungen werden drastisch vermindert. Die Natur selbst und der
Mensch sind die beste Medizin. Der Kampf um Rohstoffe wie
Wasser, Sand, Öl- und Gas ist nicht mehr notwendig. Der Kli-
mawandel wird aufgehalten, um die Welt zu retten und das CO_2
Problem wird durch eine echte Energiewende mit einer fünften
industriellen Revolution gelöst. Politiker der Welt vereinigt euch
und setzt euch alle an einen Tisch. Alles ist mit ganzheitlichem
Denken möglich, wenn man es nur will.

Kapitel 1

Strom, Wasser und Wärme für alle Menschen kostengünstig auf der Welt.

Nikola Tesla, eine Person, von der die wenigsten je gehört haben. Er soll Röngtenstrahlung ein Jahr vor W.K. Röntgen entdeckt haben, er baute einige Jahre vor Lee de Forest einen Röhrenverstärker, er benutzte Neonlicht in seinem Labor, 40 Jahre bevor die Industrie es erfand, er zeigte die Prinzipien, die wir heute für Mikrowellen-Ofen und Radar benutzen, Jahrzehnte bevor sie ein Teil unserer Gesellschaft wurden. Dennoch assoziieren wir seinen Namen mit keiner dieser Erfindungen. Zu seinen Erfindungen gehören Wechsel/Drehstrom, Wechselstrom-Motor, Tesla-Spule, Funktechnik, Fernsteuerungen, Radio (Energiesender, Empfänger für freie Energie), Hochfrequenzlampe, Scheibenläuferturbine und mehr als 700 andere Patente. Damals galt Thomas Alva Edison bereits als der größte Erfinder seiner Zeit. Sein größter Wurf gelingt ihm aber mit der entscheidenden Verbesserung der Glühlampe. Edison weiß bald, dass elektrisches Licht die Zukunft sein wird und die Glühbirne die gefährlichen Gaslampen ersetzten könnte. Doch es gibt ein Problem: Wie bringt man den Strom von den Kraftwerken in die Häuser?

Gleichstrom – eine Einbahnstraße

Edison setzt dabei auf eine Methode, bei der der Strom immer nur in eine Richtung durch einen Leiter aus Kupferdraht fließt. Diese Stromart nennt man Gleichstrom. Gleichstrom kann nur über kurze Strecken sinnvoll transportiert werden, da bei längeren Leitungen der Energieverlust enorm ist. Außerdem muss der Strom über eine zweite Leitung wieder zurückfließen und Kupferdrähte sind teuer. Edison hat ein Problem – und in George Westinghouse auch noch einen Konkurrenten. Tesla und Westinghouse – Das Genie trifft auf den Geschäftsmann George Westinghouse ist selbst Erfinder und Großunternehmer. Und er setzt auf Wechselstrom. Bei dieser Strom-Art wechselt der Strom in regelmäßigen Zeitabständen seine Fließrichtung. Der große

Vorteil: Unter elektrischer Hochspannung lässt sich Wechselstrom fast komplett verlustfrei über hunderte von Kilometern transportieren. Am Zielort wird die Spannung dann mit sogenannten Transformatoren wieder umgewandelt. Möglich geworden ist dieses System durch einen Mann, der früher einmal für Edison gearbeitet hatte. Nikola Tesla, ein genialer Physiker und Elektroingenieur, hat einen Wechselstrom-Motor entwickelt, der ohne Reibung läuft. Westinghouse erkennt die Genialität dieser Idee und kauft Teslas Patente. Zusammen haben sie Großes vor: Sie wollen die ganze Welt mit Wechselstrom versorgen und sie sind auf einem guten Weg.

Edisons Feldzug

Das will Thomas Edison auf keinen Fall hinnehmen und er beginnt einen schmutzigen Feldzug. Um die Öffentlichkeit von der Gefährlichkeit des Wechselstroms zu überzeugen, tötet er in öffentlichen Shows Hunde, Pferde und einmal sogar einen Elefanten. Zum traurigen Höhepunkt kommt es, als Edison einen seiner Mitarbeiter beauftragt, einen Elektrischen Stuhl für die amerikanische Regierung zu bauen. Die Hinrichtungsmaschine soll mit einem Wechselstrom-Generator betrieben werden, um die tödliche Gefahr von Westinghouse Anlagen darzustellen.

"Sieg" für Teslas Wechselstrom

All diesen grausamen Taten zum Trotz, zieht der „Vater der Glühbirne" den Kürzeren. Teslas Wechselstrom ist weiter auf dem Vormarsch und als 1893 der Auftrag für die Beleuchtung der großen Weltausstellung in Chicago ausgeschrieben wird, können er und Westinghouse das Angebot Edisons um fast 1 Million Dollar unterbieten. Der Stromkrieg ist gewonnen.

Am 10. Juli wird Nikola Tesla in Smiljan, welches im heutigen Kroatien liegt geboren. Hier eine Aufnahme zu seinen Arbeiten.

Heute wird elektrische Energie wie selbstverständlich von den Kraftwerken als Wechselstrom erzeugt, als Wechselstrom übertragen und als Wechselstrom an den Steckdosen zur Verfügung gestellt. Glühbirnen, Staubsauger oder Kühlschränke lassen sich damit direkt betreiben. Geräte, die zum Betrieb unbedingt Gleichstrom benötigen, wie etwa Computer oder Hifi-Anlagen, wandeln intern Wechselstrom in Gleichstrom um. Wechselströme und -spannungen haben den entscheidenden Vorteil, dass sie sich einfach auf unterschiedliche Spannungsniveaus umwandeln lassen - von sogenannten Transformatoren. Ein spezieller Transformatortyp ist bis heute nach Nikola Tesla benannt. Der Tesla-Transformator eignet sich zum Erzeugen sehr hoher Spannungen mit sehr hoher Frequenz. Mit ihnen läßt sich elektrische Energie sogar kabellos übertragen. In einem Raum, in dem ein Tesla-Transformator betrieben wird, leuchten Leuchtstofflampen auf, ohne daß sie mit einem Stromkreis verbunden sind. Dies ist eher ein Gag und hat keine praktische Bedeutung, doch bei einigen medizinischen Systemen kommen Tesla-Transformatoren zum Einsatz.Tesla legte die technische Grundlage vom Sendemast bis hin zum Radar. Trotz seines produktiven Lebens starb Tesla verarmt und hochverschuldet im Januar 1943. An ihn erinnert heute jene physikalische Einheit, in der seit 1960 die Stärke von Magnetfeldern gemessen wird. Das Magnetfeld der Erde ist zirka zwei hunderttausendstel Tesla stark. Im leistungsstärksten Kernspintomographen herrscht eine magnetische Flußdichte von mehr als neun Tesla. Doch die richtig großen Tesla-Werte, die haben Astronomen im Weltall nachgewiesen. In sogenannten Neutronensternen existieren Felder von bis zu 100 Millionen Tesla. Wieviel Strom fließt wann und wo durch welche Stromleitungen? Wo gibt es Engpässe, wo Überkapazitäten? Was passiert, wenn Windkraftanlagen, Biomasseanlagen und Solaranlagen zusätzlichen Strom einspeisen? Wie sicher ist unser Stromnetz? In Afrika und Ozeanien ist Strom nahezu unbekannt. Auf der nachfolgenden Weltkarte ersehen Sie, wo die Menschen einen Zugang zu Elektrizität haben. Viele Länder haben erhebliche Probleme ein Stromnetz aufzubauen oder zu pflegen. In Afrika ist es am dramatischsten und Strom ein Luxusgut. Länder wie Sierra Leone, Burkina-Faso, Niger, Tschad, Zentralafrika, Südsudan, Somalia, Kenia, Kongo und Madagaskar schaffen gerade mal bis zu 20% der Menschen mit Strom zu versorgen. Auch in Ozeanien in Länder wie Papua-Neuguinea und Salomonen sind nahezu Stromlos. Nordkorea und Haiti fallen außerdem auf.

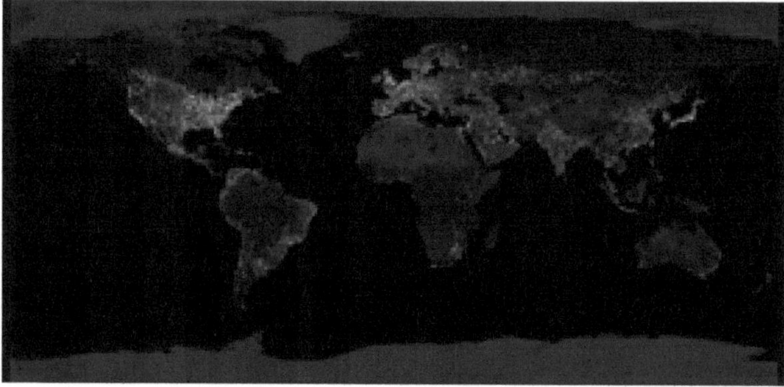

Weltkarte von 2014 mit Ansicht auf Menschen mit Zugang zu Strom.

Stromimporte trotz riesiger Überkapazitäten.

Deutschland bezieht immer wieder Energie aus Österreich, der Schweiz und Frankreich, obwohl hierzulande mehr als genug Strom produziert wird. Der Grund dafür: die gestiegenen Preise für CO2-Verschmutzungszertifikate. Obwohl Deutschland mehr als genug Strom produziert, wird seit einigen Wochen immer wieder elektrische Energie aus dem Ausland importiert. Die Erklärung für das vermeintliche Paradox: Die gestiegenen Preise für CO2-Verschmutzungszertifikate machen sich am Strommarkt immer deutlicher bemerkbar. Die Energieimporte kommen vor allem aus der Schweiz, Frankreich und Österreich. Das lässt sich am sogenannten Agorameter ablesen, das von der Denkfabrik Agora Energiewende und vom Öko-Institut betrieben wird.- Die Energiewende führt eigentlich zu Überkapazitäten bei der Stromerzeugung. Täglich kommen neue Windräder und Solaranlagen hinzu. Die Erneuerbaren decken mittlerweile mehr als ein Drittel des Strombedarfs ab. Zugleich werden die alten Großkraftwerke, die Stein- und Braunkohle verbrennen oder Atomkraft nutzen, nur zögerlich stillgelegt. Die Folge ist, dass Deutschland seit Jahren weit über den eigenen Bedarf produziert. Der Strom wurde in die Nachbarländer verkauft. Importe hat es gleichwohl immer gegeben. Beim Öko-Institut wird dabei auf einen saisonalen Faktor aufmerksam gemacht, der derzeit zum Tragen kommt. In den Alpen schmilzt der Schnee. Hunderte von Speicherseen laufen voll, die dazu da sind, elektrische Energie mittels Wasserkraft zu erzeugen. Die Betreiber suchen deshalb Abnehmer für den Strom und akzeptieren auch niedrige Preise. Die großen Braunkohlekraftwerke am Niederrhein und in Ostdeutschland laufen normalerweise über das gesamte Jahr mit einer relativ konstanten Leistung zwischen 15 und 17 Gigawatt. Über Pfingsten wurde die Leistung aber auf zeitweise drei Gigawatt heruntergefahren. Auch die Steinkohlekraftwerke arbeiteten am verlängerten Wochenende auf Sparflamme. Vieles spricht dafür, dass die erhöhten Kosten der Kraftwerksbetreiber sowie die geringen Marktpreise dafür ein maßgeblicher Grund waren", sagt Carlos Perez Linkenheil vom Berater Energy Brainpool. Die geringen Preise an der Strombörse ergaben sich dadurch, dass der Verbrauch relativ gering war und zugleich wegen des Wetters viel Öko-Strom im Netz war. Der preiswerte Strom von Alpen-Anrainern sei begünstigend hinzugekommen.

Zertifikate werden gehortet.

Auf der Kostenseite kam bei den Kohlekraftwerken zum Tragen, dass sie für CO2 zahlen müssen. Die entsprechenden Zertifikate werden wie Aktien oder Anleihen gehandelt. Die Preise für die Verschmutzungsrechte haben sich in den vergangenen zwölf Monaten mehr als verdreifacht. Für eine Tonne Kohlendioxid mussten zuletzt 15,90 Euro gezahlt werden. „Die erhöhten CO2-Preise könnten auf die Stromproduktion durchschlagen", sagt Perez Linkenheil. Er führt die Steigerung auf zwei Effekte zurück: Die EU-Kommission hat beschlossen, die Menge der Zertifikate von 2021 an um 2,2 Prozent zu verringern. Zudem wirkt von Anfang nächsten Jahres an die Marktstabilisierungsreserve. Um Preise hoch zu halten, kann bis zu einem Viertel der Verschmutzungsrechte vom Markt genommen werden. Offensichtlich werden nun Zertifikate gehortet – in der Hoffnung, sie später noch teurer zu verkaufen. Diese Spekulation treibt schon jetzt die Preise in die Höhe. Die "Energiewende" ist keine echte Energiewende, die Strompreise steigen ständig, die Sicherheit von Atomkraftwerken an unseren Grenzen ist fraglich, Braunkohlekraftwerke verbrennen weiter klimaschädliche Braunkohle, Windkraftanlagen verschandeln unsere Umwelt und unser einziges, monopolisiertes Stromnetz wird durch die hohe Anzahl der kleinen Stromeinspeisungen durch Wind-, Biomasse und Solaranlagen immer instabiler. Die Frequenz des europäischen Stromnetzes muss aus technischen Gründen stabil bei 50 Hz liegen, in Deutschland liegt die Frequenz allerdings riskanterweise zwischen 48 und 52 Hz, dies bewirkt ein instabiles Stromnetz, welches wiederum zu Schäden an elektrischen Geräten wie

Fernseher oder Computer führen, auch besteht die Gefahr eines kompletten Stromausfalles in Deutschland durch Netzinstabilität. Bereits im Jahre 2018 konnte ein gesamter Stromausfall in Deutschland durch schnelles Hochfahren eines Ölkraftwerkes im Ausland gerade noch verhindert werden. Alternativ zu der fehlgeschlagenen, sogenannten Energiewende ist es an der Zeit eine Energiewende der fünften industriellen Revolution herbeizuführen und zwar sehr kurzfristig, damit der CO_2 Ausstoss durch Verbrennungsprozesse in Kraftwerken baldmöglichst gestoppt wird. Sämtliche Verbrennungsprozesse zur Erzeugung von Strom, Wärme und Dampf mit Brennstoffen wie Gas, Kohle oder Öl, sowie die radioaktive Stromerzeugung in Atomkraftwerken können ersetzt werden. Radioaktiver Abfall kann durch das Einbringen in mehr als 15 km Tiefe wieder dahin sicher verbannt werden, wo er herkommt, nämlich ins radioaktive flüssige Erdinnere. Endlager für radioaktive Abfälle sind nicht mehr notwendig. Eine Möglichkeit für den Ersatz von alter Verbrennungstechnologie sind Plasma Magma Kraftwerke (TPM: TUBA Plasma Magma Kraftwerke). Im weiteren ersehen Sie zur Veranschaulichung eine kleine Skizze für das kleinste Kraftwerk mit lediglich 25 MW. Die Erzeugung von frischem Trinkwasser ist Parallel zur Stromerzeugung über Luft-Kondensationsanlagen durchführbar. Eine beliebige Leistungserhöhung ist durchführbar, da je nach Größe der Dampfturbine und Anzahl der Schmelzlöcher (Rohrbrunnen mit einem Plasmatron geschmelzt) die MW unbegrenzt erweitert werden können. Das Plasmatron besteht aus einem ca. 4500 Grad Celsius heissen Plasmastrahl, welcher sich mit einem Bohrgestänge in einer Tiefe bis zu 15 km schmelzt. Nach Eindringen des Plasmastrahles in die Erde verhärtet die rohrförmige Aussenwand glasartig und ist hart wie Beton. Das Schmelzen in die Erde wird von Sensoren überwacht und wenn 375 Grad Celsius Temperatur erreicht wird, wird der Wärmeaustauscher in die Erde geschmelzt. Durch die Rohrwände fliesst später das Wasser und wird über diesen unterirdischen Wärmetauscher in 360 Grad Celsius heissen Dampf umgewandelt, dieser wird über die rückfügende Dampfleitung der Dampfturbine zur Stromerzeu-

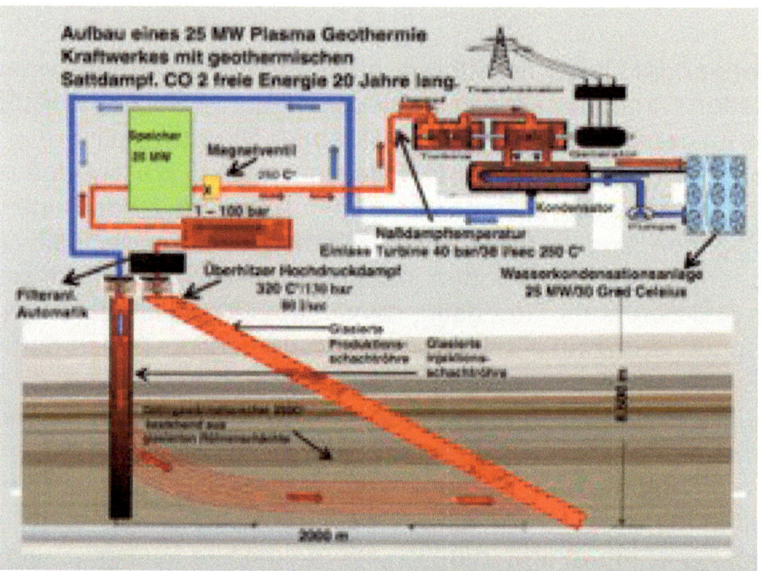

gung zugeführt. CO 2 frei ohne Brennstoffe und ohne Verbrennung über 20 Jahre Stromerzeugung. Auch können vorhandene,
in Betrieb befindliche Atomkraftwerke mit dieser Technik ersetzt
und Weiterbetrieben werden, lediglich die Brennstäbe werden ins
Erdinnere sicher entsorgt. Vorhandene und stillgelegte Gas- und
Kohlekraftwerke können durch die Zuführung von Erddampf weiter betrieben werden, ein Verbrennungsprozess ist nicht mehr
notwendig.

Diese Art der Stromversorgung wird bereits unter erheblichen
Schwierigkeiten in Ländern wie Indonesien oder Island mit klas-
sischen technisch veralteten Geothermalkraftwerken durchgeführt. Das Problem bei allen Versuchen sicher, langfristig und
kostengünstig Strom zu erzeugen ist, dass mit veralteter Bohr-
technologie gearbeitet wird, die Erde wird grob aufgerissen, vergleichbar mit den Fracking. Bei dieser alten Technologie können
zum einem Erdbeben verursacht werden, wie bereits in der USA
geschehen. Zum anderen wird nur eine geringe Bohrtiefe erreicht und es wird heisses Wasser aus der Erde gepumpt, welches aufwendig wieder zu Dampf umgewandelt werden muss.
Auch müssen ständig neue Bohrlöcher gebohrt werden, da ein

Brunnen meist nur kurze Zeit in Betrieb sein kann und dann entsprechend auskühlt. Ein weiter negativer Punkt sind die extrem hohen Anschaffungs- und Betriebskosten, so kostet zum Beispiel ein klassisches Geothermalkraftwerk drei mal soviel wie ein TPM (TUBA Plasma Magma). Eine weitere Art der Stromversorgung ist die Stromversorgung mit sogenannter freier Energie nach Tesla. Es ist möglich alle Menschen der Erde mit nahezu kostenloser Energie in Form von Strom zu versorgen. Radios, Fernseher, etc. können mit freier Energie versorgt werden. Die kostenlose Energie kommt aus dem Weltall von schwarzen Löchern und der Sonne und nennt sich Neutrinos. Neutrinos sind kleiner und schneller als das Licht. Nach Albert Einstein, $E = m \times c\,2$ hat eine Masse auch eine Energie, die Masse der Neutrinos werden an einer hochbeschichteten Platte aufgefangen und in elektrischer Energie in Form von Strom umgewandelt. Für größere Stromabnehmer stellt ein Teslaturm den Strom kabellos zur Verfügung. Die Stromzufuhr wird durch die Atmosphäre, nur mit Hilfe der natürlichen Wellenschwingungen gewährleistet. Der kabellose Stromtransport ist durch Neutrinos und nach dem Faradayischen Gesetz vor Stromschlägen geschützt. Der Strom kann von Menschen berührt werden, ohne jeglichen Schaden, da Neutrinos immer und überall permanent Mensch, Maschine und Erde durchströmen. Strom welcher zeitweise nicht benötigt wird, kann in einer Stromcloud gespeichert werden. Diese Stromcloud nimmt Strom auf und gibt ihn wieder ab. Damit wird jeder Mensch zu seinem eigenen Stromversorger. Versorgungsunternehmen sind nicht mehr notwendig und das ewige Monopol, auch auf Stromleitungen ist Schnee von gestern. Strompreise werden nicht mehr von Stromversorgern monopolistisch diktiert, sondern der Strom wird selbst kostenlos für Kleingeräte hergestellt. Größere Geräte für den Haushalt wie Waschmaschine oder Trockner können über einen freien Energiemotor mit Strom versorgt werden. Dieser Motor funktioniert auch mit Neutrinos, einer Scheibe und Magneten. Der Motor wird einmal mit einer Handkurbel angeworfen, danach muss nur noch der erzeugte Strom über einen Generator verbraucht werden. Vergleichbar ist eine Kinderschaukel, einmal angeschupst hört das Schaukeln kaum auf aufgrund der natürlichen Schwingungen, ähnlich wie beim freien Energiemotor welcher zusätzlich zu den natürlichen Schwingungen mit mehreren Magneten ausgestattet ist, welche permanent an- und abstossende Reaktionen für einen Dauerbetrieb gewährleisten. Eine Dritte Möglichkeit der Strom- und Wärmeversorgung ist der Wasserstoff. Mit einem Wasserstoffspeicher vor dem Haus, kann über Wasserstoff ein Mini Blockheizkraftwerk Strom und Wärme erzeugen. Windkraftanlagen und Solaranlagen sind nicht mehr notwendig. Zum einen sind die Anschaffungskosten extrem hoch und rechnen sich nur durch die finanzielle Förderung nach dem Energie Einspeisungsgesetz. Unsere Regierung hat sich verpflichtet über viele Jahrzehnte ca. 25 EUR-Cent pro KWh an jeden zu vergüten, welcher so eine Anlage installiert. Dieses finanzielle Abenteuer haben alle Stromkunden in Deutschland mit zu finanzieren. Daher auch der extrem hohe Strompreis. Strompreise könnten bis zu 75 % reduziert werden wenn endlich dieses Zuschussgeschäft aufhört. Von der Umweltverschandelung und Vogelsterben, sowie zunehmende Innstabilisierung des Stromnetzes mal ganz abgesehen. Daher kann es nur einen Weg geben: Dezentrale und autarke, kabellose Stromversorgung für alle Menschen auf der Welt. Mit Zugang zum Strom beginnt die Entwicklung hin zur fünften industriellen Revolution für alle weltweit und auch arme Länder hätten Zugang zu Strom und Arbeit.

Kapitel 2

Gesundheit für alle, 100 Jahre und älter werden ohne Krankheiten.

Kann man Leitungswasser in Deutschland bedenkenlos trinken?

Nitrat im Grundwasser, Blei in den Rohren fürs Trinkwasser: Kann man unser Leitungswasser trinken – ganz ohne Bedenken? Ist das gesund? An dieser Frage scheiden sich die Geister. Selbst das Umweltbundesamt warnt scheinbar vor Nitrat im Grundwasser. Utopia hat die Antwort. Das Vertrauen in die deutsche Trinkwasserqualität ist eigentlich groß. Zum diesem Ergebnis kam die Studie „Qualität und Image von Trinkwasser in Deutschland" (PDF) vom Verband kommunaler Unternehmen (VkU), die seit 2007 monatlich durch Onlinebefragungen Daten zur Qualitätswahrnehmung und Nutzung von Trinkwasser sammelt. Das Ergebnis: Rund 83 Prozent der Befragten beurteilen die Qualität von Leitungswasser als gut oder sehr gut; 92 Prozent waren der Ansicht, dass wir ohne Bedenken deutsches Leitungswasser trinken können. Klingt toll, bedeutet aber auch: Jeder 12. Deutsche denkt, dass man nicht bedenkenlos unser Leitungswasser trinken kann. Etwa jeder 6. ist nicht so recht von der Qualität unseres Trinkwassers überzeugt. Was ist dran?

Leitungswasser trinken: die Trinkwasserverordnung

Leitungswasser ist das in Deutschland am besten kontrollierte Lebensmittel überhaupt. „Dafür sorgt unsere Trinkwasserverordnung", erklärt Jürgen Steinert von Öko-Test. „Sie gewährleistet, dass unser Trinkwasser keine Schadstoffgrenzwerte überschreitet. In ihr ist festgelegt, auf welche chemischen, biologischen und physikalischen Parameter das geförderte Grundwasser in regelmäßigen Abständen untersucht werden muss." Für diese Untersuchungen sind die Wasserversorger zuständig. Die Wasserwerke wiederum stehen unter der staatlichen Aufsicht der Gesundheitsämter. Klingt ziemlich narrensicher. Doch woher kommen dann die Zweifel, das Wasser sei nicht gesund und man könne kein Leitungswasser trinken?

Welche Giftstoffe ins Trinkwasser gelangen

Zuerst steht die Frage: Woher kommt das Leitungswasser in Deutschland? Die Antwort: Das Trinkwasser stammt zu 70 Prozent aus Grund- und Quellwasser, der Rest aus Flüssen, Seen, Talsperren oder Fluss- und See-nahen Brunnen (Uferfiltrate). Es wird in den Wasserwerken analysiert und – wenn notwendig – aufbereitet. Dann gelangt es über die Rohrleitungen der Wasserversorger bis zu unserem Hausanschluss. Bis dorthin gilt auch die Trinkwasserverordnung. Erst ab unserem Hausanschluss sind wir selbst für die Qualität des Leitungswassers verantwortlich. Schädliche Substanzen können sich aber bereits im geförderten Wasser befinden – also zum Beispiel im Grundwasser. Schuld daran ist unter anderem die konventionelle Landwirtschaft: gesundheitsschädliche Pestizide und Düngemittel wie Nitrate gelangen in Flüsse und Seen oder sickern in den Boden und weiter ins Grundwasser. Daher haben wir viel Nitrat im Grundwasser. Weitere Giftstoffe stammen aus unserem Abwasser. Die Wasserwerke können Chemikalien – allen voran Arzneimittelreste – häufig nicht ausreichend herausfiltern und so gelangen die Giftstoffe mit dem eigentlich gereinigten Wasser aus den Klärwerken in die öffentlichen Gewässer. (Siehe auch: Ist Wasser sparen Unsinn?)

Heute unbedenklich – morgen Nitrat im Leitungswasser?

Gesundheitlich bedenklich ist unser Leitungswasser deshalb aber trotzdem nicht. „Es gibt überhaupt keinen Grund irgendetwas zu befürchten, wenn man Leitungswasser trinkt. Es ist gut untersucht und sicher", so Jürgen Steinert von Öko-Test. Dank Trinkwasserverordnung filtern die Wasserwerke Schadstoffe heraus und führen strenge Kontrollen durch, bevor es in unser Trinkwasserversorgungssystem eingespeist wird. Der Anteil der Schadstoffe in unserem Leitungswasser ist dann so gering, dass er keinen Effekt mehr auf unsere Gesundheit hat. Aber: Das könnte sich ändern. Geben wir nämlich weiterhin zu viele Schadstoffe und Nitrat in unsere Abwasser, reichern sich Gewässer und Grundwasser in Deutschland zunehmend mit

Schadstoffen an. Irgendwann werden sie dann eben Grenzwerte überschreiten und nicht mehr unbedenklich sein. Schon jetzt hat Deutschland (neben Malta) bei Nitrat im Grundwasser die zweithöchste Belastung in der EU. Die EU-Kommission leitete deswegen bereits 2014 Jahr die zweite Stufe eines Vertragsverletzungsverfahrens gegen Deutschland ein. Weil sich wieder einmal nichts änderte, reichte die EU-Kommission im April 2016 sogar Klage vor dem Europäischen Gerichtshof gegen uns ein, weil Deutschland es versäumt hat, strengere Maßnahmen gegen die Gewässerverunreinigung durch Nitrat zu ergreifen. Der hohe Gehalt von Nitrat im Grundwasser ist einerseits extrem schlecht für die Umwelt. Es kostet uns aber viel Geld: Wasseraufbereitungsanlagen müssen es aufwändig wieder herauszufiltern, damit wir am Ende kein Nitrat im Trinkwasser haben und es bedenkenlos trinken können. Nitrat im Grundwasser, Blei in den Rohren fürs Trinkwasser: Kann man unser Leitungswasser trinken – ganz ohne Bedenken? Ist das gesund? An dieser Frage scheiden sich die Geister. Selbst das Umweltbundesamt warnt scheinbar vor Nitrat im Grundwasser. Das Vertrauen in die deutsche Trinkwasserqualität ist eigentlich groß. Zum diesem Ergebnis kam die Studie „Qualität und Image von Trinkwasser in Deutschland" (PDF) vom Verband kommunaler Unternehmen (VkU), die seit 2007 monatlich durch Onlinebefragungen Daten zur Qualitätswahrnehmung und Nutzung von Trinkwasser sammelt. Im Juni 2017 warnte das Umweltbundesamt daher davor, dass Trinkwasser teurer werden könnte – wegen des erhöhten Aufwands, das Nitrat herauszufiltern. Über 27 Prozent der Grundwasserkörper überschritten nach UBA-Angaben vom Juni 2017 derzeit den Grenzwert von 50 mg/l. Grund sei die auf den Feldern aufgebrachten Gülle und Mist aus der intensiven Tierhaltung oder Mineraldünger für beispielsweise Obst- und Gemüseanbau. Würden die Nitrateinträge dort nicht bald sinken, würden betroffene Wasserversorger zu teuren Aufbereitungsmethoden greifen müssen, um das Leitungswasser eben von diesem Nitrat zu reinigen. Der Studie des Umweltbundesamtes (UBA) zufolge könnte dies die Trinkwasserkosten um 55 bis 76 Cent pro Kubikmeter erhöhen, was einer Preissteigerung von 32 bis 45 Prozent entspräche. Eine vierköpfige Familie müsste dann bis zu 134 € im Jahr mehr bezahlen. Übrigens: Die ökologische Landwirtschaft, für die Bio-Produkte stehen, belastet das Wasser weniger mit Nitrat als die konventionelle Landwirtschaft, die vor allem wegen ihres Düngers und des Gülle-Überschusses aus der Massentierhaltung für das Nitrat im Grundwasser verantwortlich ist (BMEL, UBA). Dies sollte noch einmal verständlich machen, dass man Bio-Produkte nicht nur kauft, weil sie weniger Schadstoffe enthalten, sondern auch, weil ihre ökologische Produktionen umweltfreundlicher ist – und damit für alle gesünder.

Giftstoffe durch hauseigene Rohrleitungen

Leitungswasser zu trinken kann trotz verschiedener Probleme bedenkenlos empfohlen werden – und das in ganz Deutschland.

Allerdings gibt es Ausnahmen: So treten einige Schadstoffe auch aus den hauseigenen Rohrleitungen aus, und das ist dann meist nicht mehr gesund. Kritisch für unsere Gesundheit sind vor allem Blei, Kupfer, Nickel und Cadmium. Bleirohre sind heute zwar selten, in Altbauten aber noch anzutreffen. Es gibt auch Vorfälle mit Legionellen, die aber weniger das Trinkwasser betreffen als die Dusche. Wer mit Sicherheit wissen möchte, ob sich Schadstoffe in seinem Leitungswasser befinden, wendet sich am besten an das Gesundheitsamt. Dort erfährt man die Kontaktdaten von Trinkwasserlaboren in der Nähe und kann dann eine Wasserprobe einsenden. Werden tatsächlich Schadstoffe im Leitungswasser festgestellt, sollte man schnellstmöglich selbst seine Leitungen auswechseln oder den Vermieter kontaktieren. Dieser ist dann nämlich verpflichtet, die Leitungen auszutauschen.

Rost und Kalk im Trinkwasser

Ein hoher Eisengehalt im Wasser („Rost") ist nicht schädlich für unsere Gesundheit. Das Wasser schmeckt lediglich sehr unangenehm und ist durch die rötliche Verfärbung nicht schön anzuschauen. Am besten lässt man den Wasserhahn so lange laufen, bis die Verfärbungen verschwinden – natürlich mit kaltem Wasser. Danach ist das Wasser auch geschmacklich wieder einwandfrei. Auch Kalk im Wasser ist nicht schädlich: Kalzium ist ein wichtiger Mineralstoff für unseren Körper und auch in vielen Mineralwässern enthalten. Nur für Wasserkocher, Kaffeemaschinen und ähnliche Geräte ist Kalk ungünstig, weil verkalkte Geräte mehr Strom verbrauchen. Um Energie zu sparen, sollte man deshalb Küchengeräte regelmäßig mit Zitronensäure entkalken. Diese hilft auch gegen Kalkablagerungen an Armaturen und sonstigen Oberflächen (siehe auch: Entkalken mit Citronensäure).

Lieber Flaschenwasser trinken?

Leitungswasser kann also Schadstoffe aus verschiedenen Quellen enthalten, trotzdem bleibt es als Durstlöscher die erste Wahl. Und wer denkt, mit Mineralwasser besser dran zu sein – sowohl aufgrund geringerer Schadstoffe als auch gesünderer Inhaltsstoffe –, liegt leider falsch. „Mineralwässer" enthalten trotz ihres Namens nicht unbedingt mehr Mineralien als Leitungswasser, sie sind nicht automatisch gesund. Wie beim Trinkwasser ist der Mineralstoffgehalt der Wässer von der Region abhängig, aus der sie stammen. Noch kurioser: Seit 1980 muss nicht mal mehr eine Mindestmenge an Mineralien darin enthalten sein. Und das ist auch so: Die Stiftung Warentest untersuchte 2013 natürliches Mineralwasser: Dabei schnitten rund die Hälfte aller Classic-Wasser und sogar zwei Drittel aller stillen Wässer als „mineralstoffarm" ab. Wer Mineralien für die Gesundheit trinken will, ist als mit Leitungswasser besser beraten. Außerdem können auch Mineralwässer Schadstoffe enthalten. „Die wesentlichen Verunreinigungen, die man in manchen Mineralwässern finden kann, sind Pestizidmetaboliten – Abbauprodukte von Pestiziden – und Uran", erklärt Jürgen Steinert. Uran kommt in manchen Gegenden natürlicherweise im Gestein vor. Wird an solchen Stellen Mineralwasser gefördert, kann sich das Uran herauslösen und landet dann in unserem Getränk.

Mineralwasser in Flaschen: im Vergleich bedenklich

Kurioserweise dürfen selbst edelste Designer-Wässerchen mit Gesund-Werbeversprechen (lies dazu auch: 6 Wasser, die dem gesunden Menschenverstand wehtun) mehr Schadstoffe enthalten als einfaches Wasser aus der Leitung, weil die Vorgaben der Mineral- und Tafelwasserverordnung nicht so streng sind wie die der Trinkwasserverordnung. Schlimmer noch: Bei Wasser in Plastikflaschen besteht der Verdacht, dass Stoffe wie hormonell wirksame Chemikalien aus den Flaschen ins Wasser übergehen können (Studie). Ob und ab welcher Menge das gesundheitsschädlich ist, darüber wird wie üblich gestritten. Klar ist aber: Wenn wir Leitungswasser trinken, haben wir das Problem mit Plastik-Chemikalien einfach nicht. Und Flaschenwasser ist auch allein aus Nachhaltigkeitsgründen klar abzulehnen: Meist werden die Flaschen über Hunderte von Kilometern transportiert und hinterlassen so einen massiven CO2-Fußabdruck. Ein immenses Problem sind auch die Plastikflaschen selbst. Der Großteil von ihnen sind Pfandflaschen und recyclebar, das bedeutet aber noch lange nicht, dass sie auch wiederverwendet werden! Rund 70% aller Pfandflaschen sind nämlich Einweg-Flaschen. Sie werden entweder mit einem energetisch hohen Aufwand im Ausland zum Beispiel zu Fleece-Stoffen recycelt oder sie landen einfach im Müll oder werden achtlos weggeworfen.

In Deutschland Leitungswasser trinken? Ja!

Als Fazit lässt sich sagen: Unserer Gesundheit schaden wir nicht, wenn wir Leitungswasser trinken. Flaschenwasser ist im Vergleich teurer für uns, schädlicher für die Umwelt – und daher überflüssig.

Leitungswasser testen: Wassertest

Wer wegen der Gesundheit Bedenken hat und es genau wissen will, kann für relativ wenig Geld eine zielgerichtete Überprüfung veranlassen und sein Leitungswasser selbst testen: Verschiedene Wassertests gibts zum Beispiel auf wassertest-online.de. Auch im normalen Onlinehandel gibts solche Wassertests, zum Beispiel auf Amazon.

Mehr Leitungswasser trinken – 5 Tipps:

Besorge dir für die heimische Küche einfache Glaskaraffen und gewöhne dir Wasser aus der Leitung an. Wer Sprudelwasser liebt, kann sich einen Wassersprudler besorgen – so kann man prickelndes Leitungswasser trinken. Fürs Büro und Unterwegs verwende einfach BPA-freie Trinkflaschen, die es in verschiedenen Ausführungen gibt (leicht und robust zum Beispiel Edelstahl-Trinkflaschen). Sage im Restaurant, dass du Leitungswasser trinken willst – und weise bei Problemen darauf hin, dass du es auch bezahlen wirst. Projekte wie „Atip:tap" oder „Feinstes!" unterstützen, dass Restaurants Wasser aus dem Hahn ausschenken. Mit der Trinkwasser-App trinkwasser-unterwegs.de des Bundesverbandes für Energie- und Wasserwirtschaft e.V. (BDEW) findet jeder Nutzer auf Knopfdruck den nächstliegenden Trinkwasserbrunnen.

Warum Sie Ihr Wasser aus einem Kupferbecher trinken sollten.

Beim Stichwort Kupfer denken viele zuerst an Drähte oder Rohrleitungen. Kupfer ist allerdings auch ein wichtiges Spurenelement für die Gesundheit. In der ganzheitlichen Gesundheit gehört Kupfer sogar zu den am meisten verehrten Mineralien. Viele Enzyme und Proteinmoleküle enthalten Kupfer. Der Körper benötigt es unter anderem, um Eisen im Körper richtig zu verwerten sowie für die Energiefreisetzung und Nervensignalübertragung. Viele Wellness-Experten empfehlen ihren Kunden, ihr Trinkwasser in Kupfergefäßen aufzubewahren, was dazu führt, dass das wichtige Spurenelement in kleinen Mengen ins Wasser übertragen wird.

Vorteile

Die Verwendung von Kupferbechern und Geschirr bietet abgesehen von den Nährstoffen noch andere wichtige Gesundheitsvorteile. Hier einige des wichtigsten Vorteile von Kupfergefäßen:

1. Natürliches Desinfektionsmittel

Ergebnisse einer vorläufigen Studie zeigten, dass Kupfer 97% der Bakterien in Intensivstationen töten kann und dass das Spurenelement eine toxische Wirkung auf Krankheitserreger hat. Diese Studienergebnisse basieren auf drei getesteten Medizinzentren über einen Zeitraum von einem Jahr.

2. Selbst-Sterilisation

Es gibt auch Hinweise darauf, dass in Kupferbehältern aufbewahrtes Wasser die Anzahl der Mikroben verringert. Eine Studie aus dem Jahr 2016 zeigte, dass Kupfergefäße speziell die Anzahl von E.Coli und P. aerugeinose Mikroben im Wasser reduzieren. Bei einem Liter Wasser mit einer Konzentration von 1 mg Kupfer wurde eine 99,9% Inaktivierung beider Mikroben festgestellt.

Forscher bestätigten somit die desinfizierenden Eigenschaften von Kupfer.

3. Gewichtsverlust

Neuere Forschungen zeigen, dass Kupfer ein wichtiges Element in der Fettverbrennung ist. Eine Studie an Mäusen hat gezeigt, dass Kupfer die Umwandlung von Körperfett in Energie begünstigt. Mäuse mit niedrigem Kupferspiegel hatten demnach mehr weißes Körperfett. Hieraus lässt sich schließen, dass es eine Verbindung zwischen Kupfer und dem Fettabbau gibt.

4. Verbessertes Immunsystem

Kupfer ist ein wichtiger Bestandteil vieler Proteinenzyme und unterstützt die Immunfunktion, indem es bakterielle Infektionen bekämpft.

Ihr Körper benötigt Kupfer, um Monozyten/weiße Blutkörperchen zu produzieren. Mehrere Studien zeigen, dass eine kupferarme Ernährung zu einer schlechteren Immunität führt.

5. Herzgesundheit

Kupfer ist Teil von zwei antioxidativen Enzymen. Die Enzyme (Superoxid-Dismutase und Ceruloplasmin) verhindern die Oxidation des schlechten Cholesterins. Dies senkt das Risiko von Herzerkrankungen. Einige Studien assoziieren einen niedrigen Kupferspiegel mit einem Anstieg des Cholesterinspiegels.

So verwenden Sie Kupfergefäße

Kupfer reagiert mit Lebensmitteln und kann den Geschmack von Rezepten beeinträchtigen. Daher wird es oft nur zur Wasseraufbewahrung verwendet. Am besten lassen Sie das Wasser über Nacht stehen und trinken es am nächsten Morgen.

Was ist mit Kupfer-Toxizität?

Auch wenn Kupfer wichtig ist, benötigen wir nur kleine Mengen davon. Die Empfehlungen liegen bei rund 900 Mikrogramm pro Tag.

Indem Sie von einem Kupferbecher trinken, nehmen Sie Spuren von Kupfer auf. Das Wasser zieht jedoch nur einen Bruchteil der empfohlenen Tagesmenge aus dem Behälter, weshalb eine Toxizität so gut wie auszuschließen ist.

Hier die Richtwerte für Kupfer in Trinkwasser:

Die Amerikanische Umweltschutzbehörde empfiehlt 1,3 mg pro Liter Trinkwasser.

Die Weltgesundheitsorganisation sogar bis zu 2 mg pro Liter.

Gesunde Menschen können ohne negative Auswirkungen auf die Leber bis zu 5 mg Kupfer pro Tag zu sich nehmen.

Reinigungstipps

Wie andere Gefäße sollten Sie auch Ihren Kupferbecher oder Krug täglich außen und innen reinigen. Außerdem können Sie Ihr Gefäß wöchentlich mit einem Schwamm, den Sie zuvor in Zitronenwasser und feines Salz getunkt haben, sanft reinigen. Kupfergefäße sind wie Sie sehen eine tolle Möglichkeit, um mehr des wichtigen Spurenelements aufzunehmen. Man kann es nicht oft genug wiederholen, wie wichtig hochwertiges Wasser für unsere Gesundheit ist. Es sollte zellgängig sein, das heißt aufgrund eines hohen Reinheitsgrades in die Körperzellen eindringen können. Die Osmose ist das Verfahren, das am Anfang einer Reinigungs- und Veredelungskette steht, damit ursprüngliches Wasser verfügbar wird.

Grundlage des Lebens

Wasser ist der Ursprung unseres Lebens. Überall wo es Wasser gibt, findet das Leben seinen Weg. Selbst in den unwirtlichsten Gegenden auf unserem Planeten wie zum Beispiel in Wüsten gibt es vereinzelte Wasser-Oasen, die dann zum Mittelpunkt des Lebens werden. Auch im Weltall ist Wasser immer der wichtigste Faktor bei der Suche nach außerirdischem Leben. Warum ist das so? Wir Menschen bestehen zu circa 60-70 Prozent aus Wasser, Säuglinge sogar zu 75 Prozent. Der im Lauf des Lebens stetig abnehmende Wasseranteil ist auch abhängig von Faktoren wie Geschlecht, physischer Aktivität und Fettgehalt des Körpers. Aufgrund des hohen Wassergehaltes unseres Körpers hat Wasser natürlich zahlreiche Funktionen. Die wohl wichtigste ist dabei die Funktion als Lösungs- und Transportmittel. Dabei geht es um die Versorgung von Zellen und Gewebe und um körperliche Entgiftungs- und Ausscheidungsprozesse. Hierfür bedarf es eines möglichst reinen und naturbelassenen Wassers, das seit jeher als Grundlage des Lebens dient. Gute Beispiele hierfür sind Regenwasser oder auch reines Quellwasser. Regenwasser ist (abgesehen von Gegenden mit großen Industriegebieten) nahezu komplett sauber und kann seine Aufgaben im Körper daher sehr gut erfüllen. Auch Quellwasser, sofern es aus einer höher gelegenen Quelle stammt, hat heute noch oft diese positiven und ursprünglichen Eigenschaften.

pH-Wert und Leitwert

Einer der wesentlichen Faktoren des Trinkwassers ist sein pH-Wert, der als sehr wichtiger Parameter passen sollte. Liegt der pH-Wert zwischen 6,4 und 7,4, ist das Wasser gut für unseren

Körper. Hierbei gilt noch zu beachten, dass es sich um einen un-gepufferten pH-Wert handeln sollte, der also leicht auf dem Weg durch unseren Körper in den jeweils passenden Zustand verän-dert werden kann. Denn in den unterschiedlichen Körperregio-nen werden auch unterschiedliche pH-Werte benötigt. Weiterhin bedeutsam ist der Leitwert des Wassers. Dieser sagt etwas über die Konzentration der im Wasser enthaltenen Schwebstoffe aus. Je sauberer und reiner das Wasser, desto niedriger ist der Leit-wert. Sauberes Wasser leitet den elektrischen Strom nicht, es sind immer die Schwebstoffe im Wasser, die den Strom leiten. Durch ein handelsübliches Leitwertmessgerät kann dieser in Mi-krosiemens (µS) angegebene Wert sehr leicht ermittelt werden. Abb. 1 zeigt das Schema der Osmose. Im linken Zweig des U-Rohrs befindet sich reines Wasser, rechts eine hoch konzentrier-te Salzlösung. Beide sind durch eine semipermeable (halbdurch-lässige) Membran getrennt. Nach einiger Zeit sieht man, dass der Pegelstand links gefallen, rechts entsprechend gestiegen ist. Die konzentrierte Salzlösung wurde verdünnt. Dies geschieht aufgrund des osmotischen Drucks, durch welchen die Konzen-trationsunterschiede zwischen den beiden Lösungen ausgegli-chen werden. Gleichgewicht herrscht, wenn der hydrostatische Druck rechts dem osmotischen Druck die Waage hält.

Osmose im Körper

Dies geschieht auch in unserem Körper. Die Flüssigkeit in unse-ren Körperzellen hat einen Leitwert zwischen 130 und 200 µS. Nehmen wir jetzt eine gesättigte Flüssigkeit mit zum Beispiel 500 µS zu uns (Abb. 2), dann versucht die Flüssigkeit in unseren Zel-len aufgrund des osmotischen Drucks diesen Konzentrationsun-terschied auszugleichen. Die Zellflüssigkeit diffundiert nach au-ßen, um für einen Ausgleich zu sorgen. Trinken wir aber saube-res Wasser mit einem Leitwert von unter 90 µS (siehe Vorgang B in Abb. 2), dann passiert dasselbe, nun aber in der entgegenge-setzten Richtung. Das Wasser dringt durch den Osmosedruck in die Zelle ein und versorgt diese mit Flüssigkeit. Zusätzlich kön-nen durch die freien unbesetzten „Greifarme" des Wassers unerwünschte Stoffe in der Zelle nach draußen transportiert werden. Leider liegen sowohl die Leitungswässer in Deutschland als auch nahezu alle verfügbaren Flaschenwasser deutlich über dem Wert von 90 µS.

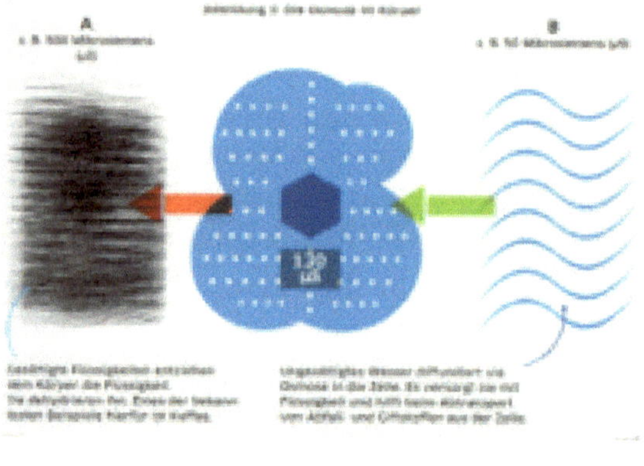

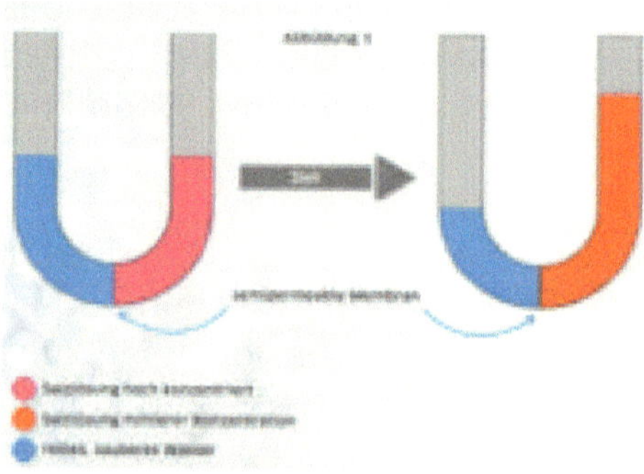

Wie kommen wir dann aber an ein solch sauberes Wasser? Nicht jeder von uns wohnt schließlich in einer Bergregion mit einer reinen Quelle. Auch industriell unbelastetes Regenwasser ist nicht immer für jedermann in ausreichenden Mengen verfügbar.

Viele Heiler und Wissenschaftler haben daher diverse Verfahren
zur Herstellung von sauberem Trinkwasser entwickelt. Dabei
wurde meist die Natur als Vorbild genommen und beobachtet,
wie sie auf natürliche Weise Wasser mit enthaltenen Schweb-
stoffen in ursprüngliches sauberes Wasser zurückverwandelt.
Eine Lösung hierbei ist die Dampfdestillation, die es schon seit
den 1960er Jahren gibt. Aufgrund des hohen Energieverbrauchs
bei der Herstellung und der langen Prozessdauer, hat sich diese
Form der Herstellung nicht durchgesetzt. Seit den 1990er Jahren
gibt es das Verfahren der Umkehrosmose. Hierbei wird Wasser
durch eine Membran gepresst mit dem Ergebnis, dass auf der
einen Seite die Verunreinigungen und Schwebstoffe bleiben und
auf der anderen Seite der Membran ein reines sauberes Wasser
verbleibt. Diese Technik hat sich weltweit verbreitet. Sie wird von
vielen Herstellern in unterschiedlicher Qualität angeboten. Die
Umkehrosmose bedingt aber auch einige Nachteile, die anschließend auch wieder behoben werden müssen. Da durch den
Einsatz der molekularen Membran auf Molekülebene gefiltert
wird und das Wasser im Anschluss daran hochaktiv ist – die
„Greifarme" sind wieder frei – sollte in der Folge ausschließlich
mit hochwertigen Materialien gearbeitet werden. Plastik darf unter keinen Umständen verwendet werden, denn das hochaktive
Wasser würde sonst Mikroplastikpartikel, Weichmacher, Flamm-
schutzmittel etc. daraus aufnehmen. V4A-Edelstahl hat sich hier
als geeignetes Material bewährt. Es erfüllt alle nötigen Voraus-
setzungen entsprechend der Empfehlung des Umweltbundesamtes vom 23. April 2013 in Sachen trinkwasserhygienisch geeignete Werkstoffe. Es gibt nur einen Hersteller am Markt, der sowohl bei der Verschlauchung als auch bei den weiteren Veredel-
ungsstufen dieses hochwertige Material einsetzt. Zu beachten
ist auch der pH-Wert. Durch das Verfahren der Umkehrosmose
verändert sich der pH-Wert auf einen sauren Wert zwischen 5,0
bis 5,4. Dies ist nicht natürlich und führt deshalb mittelfristig zu
Problemen im Körper. Die meisten Menschen können und wollen
daher nach ein bis zwei Jahren das Wasser aus einer Umkehro-
smoseanlage nicht mehr trinken. Deshalb sollte in einer weiteren

Veredelungsstufe unbedingt der pH-Wert angeglichen werden. Dauerhaft gesund ist das Wasser, wenn es einen pH-Wert zwischen 6,4 und 7,4 hat.

Keimsperre durch UV-Licht

Die nächste Veredelungsstufe bildet eine Keimsperre durch ultraviolettes Licht. Durch die hohe osmotische Wirkung des Wassers haben Keime nach der Molekularfiltration sowieso keinerlei Überlebenschance mehr, da das Wasser Einzeller zum Platzen bringen würde. Die UVC-Keimsperre schließt aber zusätzlich auch noch eine mögliche Rückverkeimung durch den Wasserhahn aus. Daher sind die Wasserveredelungsanlagen auch in öffentlichen Einrichtungen sowie Krankenhäusern und Kindergärten zugelassen. Da Strom ebenso wie UVC-Licht die Struktur des Wassers beeinträchtigen können, folgt im Anschluss eine die Wasserstruktur (Clustering) verbessernde Veredelungsstufe. Durch den normalen Wasserleitungsdruck in den Rohren und den Druck bei der Umkehrosmose ist die Struktur des Wassers weitgehend zerstört. Eine spezielle Biokeramik-Pipe mit effektiven Mikroorganismen bzw. deren eingebrannter Information setzt die Struktur des Wassers wieder auf den ungestörten Ur-Zustand zurück. Als nächstes werden die Informationen, die nach der Umkehrosmose ja noch im Wasser vorhanden waren, gelöscht und das Wasser somit auch wieder von den Fehl-Informationen komplett befreit. Das Ergebnis wurde auch durch die Fotos des Emoto-Labors nachgewiesen (Abb. 3). Die Wasserveredelungsanlage von Wasserweik die einzige Anlage mit Emoto-Zertifikat.

Energetisierung nach Schauberger

Durch die langen Transportwege in den Wasserrohren, in denen das Wasser auch längere Zeit steht, den Wasserleitungsdruck und den Druck bei der Umkehrosmose ist die Energie des Wassers sehr gering. Dies führt zu einer negativen Energiezufuhr beim Trinken und setzt dadurch die Gesamtenergie bei Mensch und Tier herab. Durch den dreidimensionalen Mikro-Verwirbelungsschlauch erfolgt deshalb in einem weiteren Schritt eine Energetisierung nach dem Schauberger-Prinzip. So kann sich das Wasser auf natürliche Weise seinen Weg suchen und in alle Richtungen verwirbeln. Weiterhin werden durch diese Verwirbelungen die Wasser-Cluster kurz gehalten, was zu einer leichteren Aufnahme im Körper führt. Der Trinkwasserhahn besteht aus hochwertigem Edelstahl. Auch hier ist hohe Qualität vonnöten, da leider nur selten auch tatsächlich Edelstahl drin ist, wo Edelstahl draufsteht. Ein spezieller Keramik-Verschluss schließt das Gesamtpaket einer hochwertigen Wasserveredelungsanlage ab.

Natürliches und lebendiges Wasser

Natürliches durch tiefe Gesteinsschichten gereinigtes Quellwasser besitzt eine intensive und hohe energetische Schwingung. Es stellt eines unserer wichtigsten Lieferanten natürlicher Lebensenergie in der Nahrung dar. Besonders der ätherische Energiekörper des Menschen wird daraus gespeist und aktiviert. Im belebten Wasser sind alle Resonanz-Frequenzen unserer wichtigsten Chakren erhalten. Es trägt dazu signifikant bei, dass der Energiefluss durch alle Chakren aufrecht erhalten bleibt.

Leitungswasser

Leitungswasser stammt hingegen meist aus geklärtem Abwasser und Grundwasser. Es besitzt unserer Erfahrung nach, je nach Ursprungsort und Wasserwerk, sehr unterschiedliche Qualitäten in energetischer Hinsicht und im Hinblick auf Rückstände und Verunreinigungen. Manche ländliche Regionen haben dabei großes Glück und das Leitungswasser kann sogar unbedenklich bzw. mit hoher Qualität getrunken werden. Eine energetische Aufbereitung ist hier nicht unbedingt vonnöten, aber dennoch empfehlenswert. In Ballungsräumen und Großstädten hingegen, sieht dies unserer Ansicht nach anders aus. Das hier aus dem Hahn kommende Wasser ist unserer Erfahrung nach häufig sowohl mit zahlreichen chemischen / pharmazeutischen, toxischen und Erreger-Rückständen verunreinigt. Es wurde nicht wie das Wasser einer Quelle natürlich gefiltert, sondern hat bestimmte Klärstufen durchlaufen. Leitungswasser aus der Großstadt ist in energetischer Sicht als „totes" Wasser zu bezeichnen und hat oft sogar negative Schwingungen aufgenommen. Die Filterung und Wiederbelebung solcherlei Trinkwassers ist aus unserer Sicht entsprechend von großer Bedeutung.

Flaschenwasser

Man sollte nicht annehmen, dass in Flaschen käufliches Trinkwasser unbedingt besser oder energiereicher ist, als Leitungswasser. Flaschenwasser besitzt unserer Erfahrung nach diesbezüglich sehr große Qualitätsunterschiede. Folgende Fragen gilt es hier zu beachten: Handelt es sich um industriell gefiltertes Leitungswasser, dass als Tafelwasser verkauft wird?

Wurde das Wasser aus einer artesischen Quelle auf natürliche Weise entnommen, oder wurde es aus großer Tiefe in großer Menge hochgepumpt und begast? Wie bzw. mit welchen Mitteln werden die Flaschen gereinigt? Handelt es sich um PET-, andere Plastikflaschen, oder Glasflaschen? Und am wichtigsten: Aus welcher Region stammt die Quelle? Aus einer natürlich unberührten Region? Wie auch ein Test von Stiftung Warentest gezeigt hat, ist Flaschenwasser auch nicht unbedingt keimfrei. Und nur die wenigsten Flaschenwässer sind unserer Ansicht nach noch als energetisch positiv und ausreichend aufgeladen zu bezeichnen. Bemerkenswerte Ausnahmen sind zum Beispiel die Marken Plose und St. Leonhard.

Wasseraufbereitung / Filterung

Eine Wasseraufbereitung im Sinne einer physischen Reinigung oder Filterung ist durch Edelsteine leider nicht möglich. Edelsteine können verunreinigtes Wasser nicht säubern, Schadstoffe nicht beseitigen und in der Regel auch keine Verkeimung verhindern (manche Heilsteine können diese aber reduzieren / einschränken). Die physische und chemische Qualität und Reinheit des Wassers kann nur durch geprüfte Verfahren zur Wasseraufbereitung verbessert werden. Hierfür empfehlen wir die Nutzung einer Filteranlage, die das Verfahren der Umkehrosmose nutzt. Dadurch werden auch kleinste Teilchen an Verunreinigungen

entfernt. Ein Nachteil einer solchen Filterung ist allerdings, dass
das Wasser anschließend fast vollständig alle seine Lebensenergie verloren hat.

Edelsteine zur Belebung von Wasser

Edelsteine besitzen mit ihrer starken und präzisen Eigenschwin-
gung über die Fähigkeit, Wasser außerordentlich intensiv und
relativ schnell aufzuladen. Jeder Edelstein weist dabei sehr spe-
zifische Eigenschaften und Wirkungen auf. Deshalb kann Edelsteinwasser auch so erfolgreich für zahlreiche Bereiche eingesetzt werden. Allerdings sind diese scharfen und zielgerichteten
Energien nur für spezielle Therapien und für bestimmte ge-
wünschte Wirkungen sinnvoll und grundsätzlich nicht für den täglichen, oder längeren Gebrauch empfehlenswert. Durch die Mischung bestimmter Edelsteine gelingt es aber, die Wirkung zu
harmonisieren und für den Körper wesentlich verträglicher zu
machen. Es kommt also für den täglichen Gebrauch darauf an,
die richtige Mischung und Dosierung zu finden.

Grundmischung

Als besonders wichtige Mischung für den täglichen Gebrauch, ist
die sogenannte Grundmischung hervorzuheben. Sie besteht aus
den drei Edelsteinen Amethyst, Rosenquarz und Bergkristall.
Durch sie gelingt es, wenig energiereiches Wasser wieder zu
beleben und eine ähnliche energetische Signatur, wie von einer
Bergquelle zu erzeugen. Detaillierte Informationen zur Anwen-
dung erhalten Sie im Beitrag Edelsteinwasser Grundmischung.

Bergkristall Wasser

Um Wasser Frische und Kraft zurückzugeben, ist der Bergkristall
besonders wirkungsvoll. Er steht für Klarheit, Reinheit, Energie
und Stärke. Er wird als Heilstein auch zum Aufladen anderer
Steine benutzt und wirkt daher besonders stark auf lebloses
Wasser. Ist er zuvor gründlich gesäubert worden, kann er einfach
in eine Karaffe gelegt werden, die mit Wasser aufgefüllt wird. Der
Bergkristall kann monatelang zur Energetisierung von Leitungs-

wasser genutzt werden ohne Kraft zu verlieren, bevor er entla-
den, energetisch gereinigt und wieder aufgeladen werden muss.
In manchen Publikationen ist zu lesen, dass er gut verträglich
sei, da er das Wasser nicht mit zusätzlichen Informationen aufladen würde, dies ist aber nicht zutreffend. Im Gegenteil, seine
Schwingungen wirken stark auf das Kronenchakra und höhere
Chakren und wir raten von dem täglichen Trinken von Bergkris-
tall-Wasser ohne therapeutischen Grund sehr ab. Nur in einer
harmonisierten Mischung sollte er genossen werden. Weitere
Details können Sie in Edelsteinwasser mit Bergkristall lesen.

Edelstein-Mischungen zur Energetisierung von Wasser

Neben der Grundmischung gibt es einige weitere bekannte har-
monische Edelsteinmischungen, die sich für das häufige Trinken
eignen. Sie weisen bestimmte Eigenschaften auf, wie z.B. zur
Entspannung, zur Belebung, zur Beruhigung, zur Konzentration
u. v. m.

Wasserenergetisierung auch für Pflanzen und Tiere

Nicht nur Menschen können von Edelsteinen im Trinkwasser
profitieren, auch Tiere und Pflanzen können das belebte Trinkwasser genauso gut aufnehmen. Sie sind wie jedes Lebewesen
ebenfalls empfänglich für die Energie des Wassers. Auch hier
existieren spezielle Mischungen für bestimmte Zwecke.

Die 25 Regeln einer gesunden Ernährung

Gewöhnen Sie sich langsam eine Regel nach der anderen an.
Stellen Sie Ihre Ernährung also nicht plötzlich um und werfen Sie
Ihre bisherigen Ernährungsgewohnheiten auch nicht plötzlich
vollständig über den Haufen. Ihr Organismus benötigt Zeit für die
Umgewöhnung. Gehen Sie also Schritt für Schritt vor!

1. Essen Sie nur, wenn Sie hungrig sind

Essen Sie immer nur, wenn Sie auch wirklich hungrig sind. Und
hören Sie mit dem Essen auf, wenn Sie satt sind – essen Sie
also nicht einfach weiter, nur weil es so lecker schmeckt. Über-

essen sollten Sie unbedingt vermeiden. Fehlt bei einer akuten Krankheit (z. B. Erkältung, Grippe, Magen-Darm-Infekt o. ä.) der Appetit, dann fasten Sie, bis Sie wieder Appetit haben. Hören Sie auf Ihren Körper!

2. Nehmen Sie sich Zeit zum Essen!

Essen Sie grundsätzlich langsam! Essen Sie, wenn Sie hungrig und gleichzeitig in Eile sind, nur ein paar Bissen, nie eine Hauptmahlzeit. Und erst wenn alle Termine erledigt sind, essen Sie in aller Ruhe.

3. Kauen Sie gründlich!

Kauen Sie jeden Bissen sorgfältig – im Idealfall 30 bis 40-mal – bevor Sie schlucken. Die Vorteile haben wir oben in der Einleitung genannt. Wenn Sie es richtig machen, haben Sie noch mindestens den Teller halb voll, wenn alle anderen längst fertig gegessen haben.

4. Meiden Sie Desserts

Süssigkeiten nach dem Essen behindern die Verdauung und sind schon allein für sich gesehen ungesund, zumal sie meist aus Zucker, isolierten Kohlenhydraten und/oder Milchprodukten bestehen. Gewöhnen Sie sich an, mit dem Dessert mindestens eine halbe Stunde nach der Mahlzeit zu warten. Der Vorteil: Meist verlässt einen in dieser Zeit die Lust auf Süsses. Wenn Sie dann doch noch Ihr Dessert essen möchten, behindert es wenigstens nicht mehr so stark die Verdauung der Hauptmahlzeit. Auch hat jetzt verstärkt das Sättigungsgefühl eingesetzt und Sie essen nicht mehr so viel vom Dessert, wie das vielleicht noch direkt nach dem Essen der Fall gewesen wäre.

5. Frühstücken – ja oder nein?

Zwingen Sie sich morgens nicht zum Frühstück(siehe Regel 1: Immer nur essen, wenn man hungrig ist). Wenn Sie wissen, dass Sie zwar nicht um 7 Uhr Hunger haben, aber dann um 9 Uhr oder später, wenn Sie also bereits unterwegs sind, dann bereiten

Sie sich zu Hause in aller Ruhe einen gesunden Snack zu, den
Sie dann um 9 Uhr oder wann immer der Hunger kommt, früh-
stücken können. Auf diese Weise vermeiden Sie ungesunde
Snacks in der Kantine oder beim Bäcker.

6. Essen Sie abends spätestens um 18 Uhr

Wenn Sie später als 18 Uhr zu Abend essen, belastet das Essen
über Nacht Ihr Verdauungssystem. Auch ist die Verdauungskraft
am späten Abend oder gar in der Nacht meist gering. Das Essen
bleibt lange im Magen und Darm liegen und verschlechtert die
Schlafqualität.

7. Mehrere kleine Mahlzeiten oder wenige grosse?

Ob Sie lieber mehrere kleine Mahlzeiten oder besser nur zwei
bis drei grosse Mahlzeiten zu sich nehmen möchten, hängt von
Ihnen, Ihren Vorlieben und möglichen Beschwerden ab. Wer
Probleme mit dem Blutzuckerspiegel hat, bleibt bei mehreren
kleinen Mahlzeiten pro Tag. Gesunde Menschen aber könnten
auch einmal das Intermittierende Fasten testen. Dabei isst man
zwei grosse Mahlzeiten am Tag – und fühlt sich schon bald fan-
tastisch. Probieren Sie diesen Essrhythmus doch einmal aus:
Der gesunde Essrhythmus. Grundsätzlich jedoch hat das Essen
von mehreren kleinen Mahlzeiten pro Tag keine gesundheitlichen
Vorteile. Auch kann man damit nicht besser abnehmen, wie wir
schon hier beschrieben hatten: Mehrere kleine oder wenige
grosse Mahlzeiten

8. Das richtige Getränk

Als Getränk wählen Sie am allerbesten nur Wasser. Meiden Sie
alle gezuckerten oder mit Süssstoff gesüssten Getränke, alle Li-
monaden, Soft- und Energydrinks, Milchgetränke sowie alkohol-
haltige Getränke.

Säfte und Smoothies sind keine Getränke, sondern Zwischen-
mahlzeiten oder Vorspeisen. Obstsäfte und Smoothies sollten
Sie nicht kaufen, sondern besser immer selbst frisch herstellen.
Gemüsesäfte können im Bio-Supermarkt in Bio-Qualität gekauft

werden. Besser sind aber auch hier frische selbst gepresste Säfte. In Sachen Wasser wählen Sie entweder ein gutes Quellwasser aus Ihrer Region oder Ihr gefiltertes Leitungswasser. Wir nutzen selbst den IVY-Bio-Filter zur Trinkwasseraufbereitung und empfehlen ihn gerne auch weiter. Das Wasser wird bei diesem mobilen Trinkwasserfilter gereinigt und leicht mineralisiert. Es wird schwach basisch und schmeckt hervorragend – wie frisches Quellwasser. Viele Übergewichtige nehmen schon allein durch die Umsetzung dieser einen Regel ab – insbesondere dann, wenn sie zuvor zuckerhaltige Getränke konsumiert hatten. Wer sich krank fühlt, erlebt oft schon eine Besserung seines Zustandes, wenn er alle anderen bisherigen Getränke gegen kohlensäurefreies Wasser austauscht.Tees sollten als Heilmittel oder Nahrungsergänzung betrachtet werden, nicht als Flüssigkeitslieferanten. Tees liefern Antioxidantien, Bitterstoffe und viele weitere heilende Stoffe. Man wählt sie je nach augenblicklicher Situation und augenblicklichem Bedarf.

9. Starten Sie den Tag mit einem Glas Wasser

Wenn Sie kalte Getränke am Morgen nicht mögen, dann trinken Sie das Wasser leicht erwärmt oder schlückchenweise auch heiss. Wenn Sie Geschmack benötigen, dann geben Sie etwas frisch gepressten Zitronensaft dazu. Warten Sie mindestens zehn Minuten, bevor Sie frühstücken. Das Wasser kurbelt die Verdauung an und hilft die nächtlich angehäuften Schlacken schnell auszuleiten.

10. Vollwert statt Nullwert

Wählen Sie vollwertige Lebensmittel! Also Vollkornbrot statt Weissbrot, Vollkornpasta statt herkömmlicher Pasta, braunen Reis statt weissen Reis usw. Vollkornlebensmittel liefern mehr Vitamine, mehr Mineralien, mehr Spurenelemente sowie gleichzeitig mehr Ballaststoffe, die sich sehr positiv auf die Darmgesundheit und damit wiederum auf die Allgemeingesundheit auswirken.

11. Weizen und Weizenprodukte meiden

Greifen Sie besser auf Teig- und Backwaren aus Dinkel, Roggen, Hafer, Gerste oder auch aus den UrgetreidenEinkorn und Emmer zurück. Viele Menschen reagieren auf Weizen mit Beschwerden, bringen diese aber selten mit dem Weizen in Verbindung. Lässt man den Weizen weg, geht es häufig mit der Gesundheit aufwärts: Weizenprotein, aber nicht immer Gluten, verursacht Entzündungen.

12. Machen Sie den Gluten-Test

Ähnlich verhält es sich mit dem Gluten, einem Protein in vielen Getreidearten (Weizen, Dinkel, Roggen, Hafer, Gerste, Kamut, Einkorn, Emmer). Viele Menschen reagieren nicht nur auf Weizen, sondern generell auf Gluten mit Beschwerden. Werden glutenhaltige Lebensmittel in diesen Fällen gemieden, geht es oft schon besser. Glutenfreie Getreide sind Hirse und Mais. Glutenfreie Pseudogetreide sind Quinoa, Amaranth, Teff, Canihua und Buchweizen. Machen Sie den Gluten-Test, probieren Sie es einmal 60 Tage ohne Gluten und warten Sie ab, wie es Ihnen geht. Allerdings werden oft auch schon die Urgetreide – Einkorn, Emmer – viel besser vertragen als die glutenreichen "normalen" Getreide wie Weizen und Dinkel. Hier testet man die persönliche Glutensensitivität und lässt den eigenen Körper entscheiden, was ihm gut tut und was nicht.

Gluten heizt Autoimmunerkrankungen an

Gluten vernebelt die Sinne

Bei Multipler Sklerose besser keinGluten

Gluten kann die Entstehung von Allergien fördern

Schützt glutenfreie Ernährung vor Diabetes Typ 1?

Neun versteckte Glutenquellen

Weizengluten fördert Übergewicht

13. Zucker – Nein danke!

Zucker und zuckerhaltige Produkte (Süssigkeiten, Fruchtjo-
ghurts, Puddings, Kuchen etc.) tragen enorm zu Unwohlsein und
zur Entstehung von Krankheiten bei. Wer den Zuckerentzug
schafft, wird merken, wie gut es tut, ohne Zucker zu leben. Man
kann sich besser konzentrieren, chronische Beschwerden bes-
sern sich, man verbringt weniger Zeit beim Zahnarzt und wird
auch im Sport viel leistungsfähiger. Dennoch muss niemand auf
Süsses verzichten, wie oft geglaubt wird. Es gibt sehr leckere
gesunde süsse Mahlzeiten, z. B. hier: Gesunde Desserts und
hier gesunde Kuchen, auch Schokolade kann man aus gesunden Zutaten selbst herstellen.

14. Essen Sie jeden Tag Rohkost

Rohkost ist jene Nahrung, mit der sich die Menschheit über
Jahrmillionen hinweg entwickelt hat. Sie liefert unverfälschte
Nähr- und Vitalstoffe in der Form, die unser Körper am besten
kennt. Achten Sie daher darauf, jeden Tag wenigstens in einer
Mahlzeit eine grosse Portion Rohkost zu essen – entweder zum
Frühstück (Obstsalat, Smoothie, Hafer-Früchte-Müsli), als Zwi-
schenmahlzeit (Gemüsesticks, grüner Smoothie) oder zum Mit-
tagessen (Vitalkost, Salate, Sprossen etc.). Denken Sie daran:
Rohkost immer vor der Kochkost essen, also z. B. erst den Salat, dann die Hauptmahlzeit. Mit "Salat" ist nicht nur ein Blattsalat
gemeint. Auch geraffelte Kohlrabi, Rote Beten, Rettich, Möhren,
Sellerie etc. gehören dazu. Rohkost am Abend verträgt nicht jeder. Falls Sie also eher ein schwaches Verdauungssystem haben und/oder Rohkost nicht gewöhnt sind, essen Sie die Rohkost bis etwa 14 Uhr und am Abend besser ein gedünstetes
Gemüsegericht. Und vergessen Sie gerade bei der Rohkost Regel Nummer 3 nicht! Kauen Sie gründlich!

15. Grundnahrungsmittel Gemüse

Das Grundnahrungsmittel in der gesunden Ernährung ist Gemüse. Die Hauptzutat Ihrer Mahlzeiten ist daher Gemüse. Dazu gibt
es Hülsenfrüchte, Vollwertreis, Vollkornpasta, Vollkorn- Cous-
cous, Vollkorn-Bulgur, Polenta, Quinoa, Buchweizen etc. und/

oder Tofu/Tempeh (als Burger, Bratling, Bratscheibe etc.). Auch köstlichen Tempeh aus Kichererbsen gibt es inzwischen. Bei Gemüse und Obst möglichst saisonal und regional einkaufen – und stets Bio-Produkten den Vorzug geben. Gemüse kann roh oder schonend gedünstet zubereitet werden. Scharfes Anbraten oder Zubereitungsmethoden mit viel Fett sollte man meiden.

16. Früchte roh essen

Früchte sollten roh gegessen werden, nicht gekocht. Rohe Früchte haben eine reinigende Wirkung – wenn sie für sich allein und auf leeren Magen gegessen werden. Isst man Früchte gemeinsam mit anderen Lebensmitteln, kann es zu Unwohlsein und Verdauungsbeschwerden kommen. Daran ist jedoch nicht das Obst schuld, sondern die ungünstige Kombination (siehe auch Punkt 24). Denn Früchte werden schneller als jede andere Lebensmittelgruppe verdaut. Isst man sie gemeinsam mit anderen Lebensmittelgruppen, dann hemmen diese die schnelle Darmpassage der Früchte. Die Früchte liegen somit unnatürlich lange im Verdauungssystem und beginnen dort nun zu gären. Blähungen, Bauchweh und Magenkrämpfe können die Folge sein. Wer rohes Obst nicht gewöhnt ist, glaubt oft, er könne es durch Kochen verträglicher machen. Häufig verhält es sich jedoch umgekehrt. Gekochtes Obst liegt bei vielen Menschen noch länger im Verdauungssystem und führt dort erst recht zu Blähungen, Sodbrennen und Unwohlsein, frisches rohes Obst jedoch nicht (vorausgesetzt es wird gut gekaut und alleine für sich gegessen!). Es hinterlässt ein Gefühl von Leichtigkeit. Auch gilt frisches rohes Obst als basisch, gekochtes Obst eher als säurebildend. Einen wirklichen Grund für das Kochen von Früchten gibt es eigentlich nicht, denn es schmeckt roh so lecker, dass man es – im Gegensatz zu manchem Gemüse – durch Kochen nicht schmackhafter machen müsste. Auch muss man es nicht – wie etwa Bohnen– kochen, um bestimmte Gifte darin zu neutralisieren. Lediglich Allergene werden beim Kochen zu einem gewissen Grad vernichtet, doch stören diese Stoffe den Nicht-Allergiker kein bisschen. Und da beim Kochen auch noch die wertvollen Vitalstoffe in den Früchten mengenmässig reduziert werden, führt das Kochen eindeutig zu Qualitätseinbussen, die sich nicht lohnen.

17. Fleisch, Fisch, Eier & Milchprodukte – besser nicht

Fleisch macht in überschaubaren Mengen (zwei Portionen pro Woche) normalerweise nicht gerade krank. Doch passt Fleisch(und Produkte daraus) nicht in eine gesunde Ernährung. Denn als gesund sollte man eine Ernährung erst dann bezeichnen, wenn Sie nicht nur für den Menschen gut ist, sondern auch für den Rest der Welt. Und eine Ernährung mit Fleisch ist weder für die Umwelt gesund noch für die entsprechenden Tiere. Für diese ist die Wahl des Menschen für eine fleischhaltige Ernährung nicht nur ungesund, sondern qualvoll und letztendlich tödlich. Wer Fleisch oder Fisch essen will, sollte das nicht öfter als zweimal pro Woche tun und das Fleisch direkt ab Bio-Hof kaufen. Auf diese Weise ist man so rücksichtsvoll, falls man das Wort im Zusammenhang mit Fleischkonsum überhaupt verwenden möchte, dem Tier den Schlachthoftransport und -betrieb zu ersparen. Wurst und andere verarbeitete Fleischprodukte sollten nicht gegessen werden. Meist enthalten diese Produkte zahlreiche Zusätze wie z. B. Nitritpökelsalz und werden mit einem erhöhten Krankheitsrisiko in Verbindung gebracht:

Fleisch erhöht Todesrisiko nach überstandenem Brustkrebs

Rotes Fleisch erhöht das Krebsrisiko

Blasenkrebs durchFleisch

Fleisch erhöht Risiko für Diabetes und Herzkrankheiten

Wie Fleisch Krebs verursacht

Fleisch und Milch: Überträger gefährlicher Krankheitserreger

Plötzlicher Herztod durch rotes Fleisch

Ursache von Nierenkrebs – Fleisch

Nierenversagen durch Fleisch

Krebs durch Fleischverzehr

Fleischesser sterben früher

Fleischesser: Die Klimakiller

Paleo-Ernährung – Ein Trend ohne wissenschaftliches Fundament. Fisch ist angesichts der Überfischung der Meere und der Belastung mit Schwermetallen und anderen Umweltgiften bzw. der Zustände in den Massentierhaltungen der konventionellen Aquakulturen kaum noch eine Alternative. Wenn Sie Fisch essen möchten, berücksichtigen Sie gewisse Einkaufskriterien, die Sie hier finden: Fisch-Einkaufsratgeber. Wenn Eier gegessen werden, dann nur Bio-Eier! Die Unterschiede zwischen Bio und konventionell in der Eierproduktion finden Sie hier: Unterschiede Eierproduktion. Kaufen Sie überdies Bio-Eier bevorzugt aus dem Bio-Supermarkt aus Bioland-, Naturland- oder Demeterhaltung. Die EU-Bio-Verordnung ("normale" Bio-Eier) hingegen sorgt bei den Hühnern für weniger angenehme Lebensbedingungen.Hier dürfen z. B. 230 Legehühner auf demselben Platz gehalten werden, wo auf einem Bioland-Hof nur 140 Hühner gehalten werden. Für die Aufzucht von Junghennen gibt es in der "normalen" Bio-Branche keine Regelungen und für den Einsatz von Tierarzneimitteln auch nicht. Ein Bioland-Hof hingegen hält sich hier an strenge Regeln und Vorgaben. Viele Arzneimittel sind hier nur eingeschränkt zulässig oder ganz verboten. Milchprodukte sind keine Lebensmittel für Erwachsene und führen sehr häufig zu Beschwerden, die nur leider nicht mit den Milchprodukten in Zusammenhang gebracht werden. Dazu zählen häufige Atemwegsinfekte, ständiges Räuspern, Neigung zu Allergien, chronische Kopf- und/oder Verdauungsbeschwerden, chronische Hautprobleme und bei Kindern ständige Mandelentzündungen und Mittelohrentzündungen. Statt zu Kuhmilch kann man zu Reismilch, Hafermilch, Mandelmilch oder – wenn verträglich – Sojamilch greifen.

18. Wenn Snacks, dann gesunde Snacks

Wählen Sie gesunde Snacks– am besten selbstgemacht, z. B.
Grünkohlchips, Kartoffelchips, grüne Smoothies, Shakes, Gemü-
sesticks, Nusskugeln, Studentenfutter, Trockenfrüchte, frische
Früchte, Vollkorncracker mit leckeren Dips und vieles mehr.

19. Welches Salz statt Kochsalz?

Statt Kochsalz verwenden Sie am besten ein Kräutersalz, Stein-
salz oder Kristallsalz. Dabei handelt es sich um naturbelassene
Salze ohne Zusätze. Setzen Sie Salz sparsam ein, was mit der
Verwendung von Kräutersalz gut gelingt, da ein grosser Anteil
hier aus Kräutern besteht. Mehr als insgesamt 3 – 5 Gramm Salz
pro Tag ist nicht empfehlenswert. Berücksichtigen Sie dabei auch
das Salz in Fertigprodukten, denn diese sind sehr stark gesal-
zen! Ja, über Fertigprodukte nimmt man bis zu 80 Prozent der
täglichen Salzmenge zu sich. 50 Gramm Salami enthält beispielsweise schon 1,5 Gramm Salz. Ein Tafelbrötchen pro 100
Gramm 2 Gramm Salz.

20. Vorsicht beim Gewürzekauf!

Achten Sie beim Kauf von Gewürzmischungen auf mögliche An-
teile von Geschmacksverstärkern(Mononatriumglutamat) und
andere unerwünschte Zusatzstoffe. Verwenden Sie besser Gewürzmischungen aus dem Bio-Supermarkt bzw. dem Bio-Online-
Handel, verwenden Sie natürliche Gewürze, die überdies heilend
wirken, z. B. Ingwer, Kurkuma, Kreuzkümmel, Zimt, Pfeffer aus
der Mühle, Vanille, Kardamom, Curry etc. oder stellen Sie sich
daraus eine eigene Gewürzmischung her. Wählen Sie auch hier
Bio-Produkte, da diese nicht mit Pestizidrückständen belastet
sind und schonender haltbar gemacht werden.

21. Fertigprodukte

Herkömmliche Fertigprodukte enthalten häufig überflüssige und
schädliche Zusatzstoffe. Kaufen Sie Fertigprodukte daher immer
vom Erzeuger/Hersteller, z. B. Brot beim Bio-Bäcker (nicht im
Supermarkt), Milchprodukte und Fleischprodukte ab Hof, Milch-

produkte auch im Bio-Supermarkt. Kaufen Sie Veggie Burger, Tofuprodukte, Fertigsuppen o. ä. ebenfalls im Bio-Supermarkt – oder wählen Sie im konventionellen Supermarkt jene Produkte aus, die keine bedenklichen oder überflüssigen Zusätze und Inhaltsstoffe enthalten, also keine Geschmacksverstärker, keinen Zucker, keine Süssstoffe, Konservierungsstoffe, Farbstoffe, Emulgatoren etc.

Kaufen Sie auch Essig, Senf,Ketchup und ähnliche Fertigprodukte am besten nur im Bio-Supermarkt oder Bio-Online-Handel, weil die Produkte dort in möglichst naturbelassener Qualität angeboten werden, qualitativ hochwertige Rohstoffe verwendet werden und darüberhinaus keine überflüssigen Lebensmittelzusatzstoffe zum Einsatz kommen. Optimal ist es, wenn Sie Fertigprodukte möglichst meiden. Vieles lässt sich selbst herstellen, z. B. Ketchup, Brot, Joghurt uvm.

22. Fettarm essen

Die täglich verzehrte Fettmenge kann 10 – 30 Prozent der Gesamtkalorienmenge betragen. Wenn Sie also 2400 kcal pro Tag verspeisen, dann können Sie zwischen 240 und 720 kcal in Form von Fett zu sich nehmen, wobei 10 Gramm reines Fett (Pflanzenöle, Butter) 75 bis 90 kcal mitbringen. Man wählt in jedem Fall gesunde Fette und Öle in Bio-Qualität, die schonend hergestellt wurden (nativ extra) und achtet auf ein ausgewogenes Verhältnis zwischen gesättigten, einfach ungesättigten und mehrfach ungesättigten Fetten (Omega-3 und Omega-6), wobei man bei den letzteren ebenfalls auf ein gutes Verhältnis von etwa 5 zu 1 (Omega-6 zu Omega-3) achten sollte. Erklärungen und Details zur Deckung des Omega-3-Bedarfs finden Sie hier: Omega-3-Bedarf decken

In der Praxis sieht das so aus: man verwendet zum Hocherhitzen und Backen Kokosöl zum Backen auch Butter (wenn man Milchprodukte noch zu sich nimmt) oder eine hochwertige pflanzliche Margarine(z. B. Bio-Alsan) zum sanften Anbraten bei der Gemüsezubereitung und für Salate ein nativ extra Olivenöl ausschliesslich für Rohkostgerichte nimmt man Leinöl und Hanföl aufs Brot kommen eine hochwertige Bio-Margarine oder Bio-Butter in Frage, natürlich auch – wenn man mag –Kokosöl, Kokosmus, Nussmus, Erdnussmus, Olivenbutter (Olivenöl ein wenig salzen und für ca. 1 Stunde ins Gefrierfach stellen) o. ä. ab und zu kann man natürlich auch Kürbiskernöl, Sonnenblumenöl oder andere qualitativ hochwertige Öle verwenden, nur sollten diese Omega-6-reichen Öle nicht regelmässig verwendet werden.

23. Wildkräuter & Bitterstoffe

Wenn Sie sich ganz besonders gesund ernähren möchten, dann bauen Sie Wildpflanzen in Ihren Speiseplan ein. Beim nächsten Spaziergang oder beim nächsten Unkraut jäten im Garten einfach Löwenzahn, Wegerich, Melden, Giersch etc. einsammeln, dann klein schneiden und in den Salat oder Smoothie geben.- Wildpflanzen sind dem Kulturgemüse in Sachen Vitalstoffe und auch Proteingehalt haushoch überlegen. Sie liefern überdies eine Menge Antioxidantien und andere Stoffe in hohen Mengen, die sehr gut vor Krankheiten schützen können, die körpereigene Entgiftung unterstützen und oxidativen Stress reduzieren. Wildpflanzen sind u. a. deshalb so gesund, weil sie noch natürliche Bitterstoffanteile aufweisen, die man aus dem Kulturgemüse längst herausgezüchtet hat. Denn Endiviensalat, Chicoree und Grünkohl schmecken schon lange nicht mehr bitter. Vor wenigen Jahrzehnten taten sie das jedoch noch sehr wohl. Gerade Bitterstoffe schützen das Verdauungssystem und verbessern die Leber- und Gallenfunktionen – und beugen schon auf diese Weise einer Menge Krankheiten vor. Bitterstoffe fördern überdies die körpereigene Basenbildung, reduzieren die Lust auf Süsses und helfen bei der Regeneration der Leber, Galle und des gesamten Verdauungssystems. Essen Sie am besten täglich Bitterstoffe, entweder in Form von Wildkräutern, Kräutern, Gewürzen, Tees oder auch in Form von speziellen Nahrungsergänzungen mit Bitterstoffen (z. B. Bitterbasenkräutermischung, Bittrio (alkoholfreies Bitterelixier o. a.).

24. Kombinationsregeln

Falls Sie Verdauungsprobleme nach den Mahlzeiten haben oder
auch wenn Sie an chronischen Krankheiten leiden, sollten Sie
Ihren Körper entlasten, wo immer es geht. Achten Sie in diesem
Fall auf eine bestimmte Lebensmittelkombination bei der Zu-
sammenstellung Ihrer Mahlzeiten und beobachten Sie, ob es Ihnen besser geht. Essen Sie Früchte immer für sich, mischen Sie
diese nicht mit anderen Lebensmittelgruppen (vor allem nicht mit
Getreide, Nüssen, Hülsenfrüchten und stärkereichen Gemüsear-
ten). Typische Beispiele für diese Kombinationen sind aus der
"normalen" Ernährung: Kuchen mit Früchten, Brot mit Marmela-
de, Müsli mit Früchten, Reissalat mit Rosinen, Möhren mit Äpfel
usw. Es gibt nur eine Lebensmittelgruppe, die sich problemlos
mit Früchten mischen lässt (wenn die Mischung gut gekaut wird!)
– und das sind die grünen Blattgemüse(wie z. B. im Original des
grünen Smoothies). Essen Sie immer erst Rohkostspeisen, dann
erst Kochkostgerichte. Probieren Sie aus, ob es Ihnen besser
geht, wenn Sie stärkereiche Gerichte (Kartoffeln, Brot, Pasta,
Reis) nicht gemeinsam mit proteinreichen Lebensmitteln
(Fleisch, Fisch, Milchprodukte, Käse, Eier) essen. Essen Sie
immer erst das leicht verdauliche, dann das schwerer verdauliche. Anhaltspunkte kann Ihnen dieser Text geben: Gesunde Verdauung

25. Regional und saisonal essen

Kaufen Sie möglichst immer regional und saisonal ein. Idealerweise suchen Sie sich einen Hofladen in Ihrer Nähe, wo ab Hof
die Erzeugnisse dieses Landwirtes verkauft werden. Auch
Abokisten sind eine gute Möglichkeit, regionale Erzeuger zu unterstützen und saisonale Lebensmittel zu erhalten. Auf diese
Weise erhalten Sie frischestmögliche Lebensmittel, die oft erst
am Morgen geerntet wurden und mittags schon auf Ihrem Teller
liegen. Die Nährstoff- und Vitalstoffverluste sind auf diese Weise
minimal. Darüberhinaus ist dies die umweltfreundlichste Art des
Einkaufens und Essens. Denn regionale und saisonale Lebensmittel benötigen keine langen Transportwege, keine energieauf-

wändigen Gewächshäuser und auch kaum Lagerhäuser. Bei einer veganen Ernährung muss man keinen Nährstoffmangel befürchten. Ernährungsberatung für eine gesunde Ernährung

Sollten Sie sich mit der Umstellung auf eine gesunde Ernährung überfordert und allein fühlen und Sie lieber einen Ernährungsberater aufsuchen möchten, dann empfiehlt sich eine Ernährungsberatung bei einem ganzheitlich orientierten Ernährungsberater. Dieser kann mit Ihnen gemeinsam die für Sie richtige Ernährung festlegen und für Sie einen individuellen Ernährungsplan zusammenstellen. Ihr Ernährungsberater geht auf Ihre Bedürfnisse, auf Ihr Befinden und natürlich auf Ihre Ziele und Wünsche ein und begleitet Sie während Ihrer Ernährungsumstellung bzw. bis zum Erreichen Ihrer Ziele. Zu diesen Zielen können neben einer abgeschlossenen Ernährungsumstellung auch das Erreichen eines bestimmten Körpergewichts gehören oder die Besserung des Gesundheitszustandes. Mit diesen fünf Tricks werden Sie 100 Jahre alt. Der Arzt und Ayurveda-Spezialist Dr. Ulrich Bauhofer erklärt, worauf es wirklich ankommt, um seine Gesundheit möglichst lange zu erhalten. Ausreichend langer Schlaf spielt dabei eine zentrale Rolle. Die Welt: Was kann ein Mensch tun, um 100 Jahre alt zu werden?

Ulrich Bauhofer: In den 1970er-Jahren dachte man, dass Alterungsprozesse und das erreichbare Lebensalter im Wesentlichen genetisch festgelegt sind. Ob man lange rüstig und aktiv sein kann oder schnell degeneriert, wäre demnach eine Frage der Gene – und damit Schicksal. Diese Ansicht hat sich deutlich verändert. Heute gehen die Wissenschaftler davon aus, dass sich nur rund 30 Prozent des Alterungsprozesses auf genetische Faktoren zurückführen lassen. 70 Prozent werden indes durch unsere Lebensweise beeinflusst. Dazu passt folgende Beobachtung von der japanischen Insel Okinawa. Dort werden die Menschen so alt wie sonst nirgendwo auf der Welt. Man hat festgestellt, dass die Menschen auf Okinawa von Kindesbeinen an lernen, sich niemals zu überessen. Es bleiben immer rund 30 Prozent des Magens ungefüllt. Die Art der Ernährung scheint also ein wesentlicher Aspekt dieses Älterwerdens zu sein. Entscheidend ist aber die Botschaft: Es liegt durch unsere Lebensweise zum größten Teil in unserer eigenen Hand, wie wir älter werden.

Die Welt: Neben der genetischen Disposition und der Art der Ernährung spielen auch andere Faktoren eine Rolle?

Ulrich Bauhofer: Ja, natürlich. Fünf Dinge sind wirklich essenziell für ein langes und gesundes Leben: Ernährung, Bewegung, Regeneration, Entgiftung sowie insbesondere Stressmanagement und Lebensfreude.

Die Welt: Stress und Burn-out sind hierzulande große gesellschaftliche Themen. Wie schädlich ist Stress?

Ulrich Bauhofer: Ein Viertel bis ein Drittel der Bevölkerung fühlt sich ausgebrannt. Die Zahl der Fehlzeiten von Arbeitnehmern mit psychischen Erkrankungen ist nach Angaben des Wissenschaftlichen Instituts der AOK seit 1994 um 88 Prozent gestiegen. Schon jetzt sind psychische Erkrankungen der häufigste Grund für Frühverrentungen. Ursprünglich hat die Natur die Stressreaktion als einen Überlebensreflex konzipiert. Als die Menschen noch Jäger und Sammler waren, gab es bei der plötzlichen Konfrontation mit einem wilden Tier nur zwei Möglichkeiten: Davonlaufen oder kämpfen. Das ist die klassische Stresssituation, und der Körper zeigt die sogenannte Flight-or-fight-Response. Da werden Stresshormone wie Adrenalin, Noradrenalin und in einer zweiten Stufe Cortisol ausgeschüttet und energetische Reserven mobilisiert. Zum Glück kam der Urzeitmensch nicht täglich in eine solche Situation. Heute haben wir das Problem, dass dieser an sich sinnvolle Reflex zum Krankmacher mutiert ist. Denn der Stressreflex kann völlig inadäquaterweise bei der Arbeit am Schreibtisch oder im Auto in einer Stausituation ausgelöst werden. Unser Leben steht in diesen Fällen durchaus nicht auf dem Spiel. Die dann mobilisierten Energiereserven können also gar nicht ausgegeben werden. So entsteht im Körper ein Energiestau. Das macht auf Dauer krank. Die International Labour Organization berichtet, dass in den westlichen Industrieländern mittlerweile über 70 Prozent aller Erkrankungen direkt oder indirekt auf Stress zurückzuführen sind. Das zeigt, wie wichtig gutes Stressmanagement ist.

Die Welt: Was kann der Einzelne tun, um mit Stress besser umzugehen?

Ulrich Bauhofer: Ganz wichtig ist es, für genügend Regenerationszeiten zu sorgen. Es muss ausreichend Schlaf und genug Raum zwischen den Terminen am Tage geben. Die meisten Menschen schlafen aber nicht mehr genug. Die durchschnittliche Schlafdauer hat sich in den vergangenen zehn Jahren in Deutschland um eine Stunde verkürzt. Und das, obwohl der Druck am Arbeitsplatz eher größer geworden ist und daher eigentlich mehr Schlaf geboten wäre. Der Schlaf ist einer der wichtigsten regenerativen Prozesse des menschlichen Körpers.

Die Welt: Was kann man noch tun?

Ulrich Bauhofer: Auch regelmäßige Bewegung kann einen Beitrag zum Stressmanagement liefern. Jeder kennt das aus eigener Erfahrung: Wenn man sich nach einem stressigen Tag körperlich betätigt, fühlt man sich anschließend erleichtert – weil sich der Energiestau gelöst hat. Außerdem kann Meditation beim Stressmanagement helfen. Es ist wissenschaftlich erwiesen, dass Meditation eine sehr tiefe Entspannung ermöglichen kann. Menschen, die regelmäßig meditieren, gehen viel besser mit Stress um und entwickeln eine deutlich höhere Resilienz.

Die Welt: Wie viele Stunden sollte ein Mensch denn mindestens schlafen?

Ulrich Bauhofer: Die optimale Schlafdauer ist individuell sehr unterschiedlich. Jeder muss selber für sich herausfinden, wie viel Schlaf er braucht, um sich tagsüber fit zu fühlen und leistungsfähig zu sein. Auch hier gibt es übrigens einen Zusammenhang zur Ernährung. Wenn man abends schwere Kost isst, wirkt sich das negativ auf die Qualität des Schlafs aus. In vielen Kulturen gilt daher die Regel, dass man abends leicht essen sollte und möglichst so früh, dass man nicht mit vollem Bauch ins Bett geht. Ideal wäre es natürlich, wenn man morgens ohne Wecker aufwacht. In der Natur gibt es jedenfalls kein Lebewesen, das einen Wecker braucht. Der ist eine Erfindung des Menschen. Studien zeigen, dass Schlafmangel eine Vielzahl von Erkrankungen fördert – Diabetes, Bluthochdruck, Übergewicht. Eine aktuelle britische Studie liefert die Erkenntnis: Wenn Sie die Schlafdauer von sieben auf fünf Stunden reduzieren, dann verdoppelt sich Ihr Risiko für einen Herzinfarkt.

Die Welt: Wie viel Bewegung ist mindestens notwendig, um gesund zu bleiben?

Ulrich Bauhofer: Drei bis vier Mal in der Woche 30 bis 40 Minuten Bewegung sollten es schon mindestens sein. Doch dabei sollte man sich grundsätzlich niemals übernehmen – das empfiehlt die moderne Sportwissenschaft ebenso wie die alte ayurvedische Lehre. Man sollte nicht permanent an seine Leistungsgrenze gehen. Es reicht, leicht zu schwitzen. Vor allem sollte man sich nach dem Sport gut fühlen. Es ist außerdem wichtig, nicht nur auf Kraft und Ausdauer zu achten. Auch die Beweglichkeit ist sehr wichtig. Viele Menschen werden mit der Zeit einfach viel zu unbeweglich. Da helfen regelmäßige Dehnübungen, die ja fast alle aus dem Yoga kommen.

Die Welt: Wer sich vornimmt zu meditieren, muss dafür wie viel Zeit einplanen?

Ulrich Bauhofer: Es gibt viele verschiedene Meditationstechniken. Ich selber bin ein Fan der Transzendentalen Meditation, weil sie sehr einfach zu erlernen und auszuüben ist. Die macht man im Allgemeinen zwei Mal am Tag – je eine Viertelstunde morgens und abends. Studien belegen, dass meditierende Menschen ihre Krankenkasse mit deutlich weniger Kosten belasten.

Die Welt: Nicht alle werden Zeit für diese tägliche halbe Stunde haben. Gibt es hilfreiche Strategien, die auch mit weniger Zeitaufwand etwas bringen?

Ulrich Bauhofer: Das ist letztlich alles eine Frage des persönlichen Energiemanagements. Jeder schaut zwar regelmäßig auf sein Bankkonto, doch die wenigsten blicken ebenso regelmäßig auf ihr persönliches Energiekonto. Jeder sollte sich fragen: Was sind in meinem Leben die Energieräuber und was die Energiespender? Die Antworten weisen dann schon den Weg in die Richtung, die man gehen sollte. Es gibt viele Energiespender. Dazu gehören so banale Dinge wie Licht und frische Luft. Viele Menschen verbringen den ganzen Tag in geschlossenen Räumen. Da gibt es vielleicht 500 Lux. Ein schöner Sommertag schenkt uns indes 100.000 Lux – 200 Mal mehr. Man sollte darauf achten, ab und zu mal nach draußen ans Licht zu kommen. Ein kleiner Spaziergang in der Mittagspause kann schon viel bewirken. Und auch frische Luft ist ein ganz wichtiger Faktor für die Energiebilanz des Körpers.

Die Welt: Wann ist denn ein Mensch eigentlich gesund?

Ulrich Bauhofer: Die Weltgesundheitsorganisation WHO definiert: Gesundheit ist ein Zustand völligen körperlichen, geistigen und sozialen Wohlbefindens. Das klingt doch beinahe wie eine Aussage aus der ayurvedischen Medizin. Dort geht es darum, das ganze System in einer Balance zu halten. In der westlichen Medizin nennt man das Homöostase. Es geht um das Gleichgewicht aller Körperfunktionen. Wenn die Regulations- und Regenerationssysteme gut funktionieren, dann wirkt sich das so aus, dass man sich gut fühlt. Und wenn ein Mensch glücklich ist, ist das ein ganz deutlicher Indikator für Gesundheit.

Die Welt: Sind westliche Medizin und ayurvedische Lehre einfach nur zwei unterschiedliche Beschreibungssysteme, die dann letztlich die gleichen Empfehlungen für die Lebensführung geben?

Ulrich Bauhofer: Ja, so kann man das sagen. Wie bei allen medizinischen Systemen geht es um das Prinzip der Balance. Doch es gibt Unterschiede. In der westlichen Medizin kümmern wir uns bei einem Patienten in erster Linie um die Symptome. Die ayurvedische Medizin sucht zunächst nach dem Ungleichgewicht, das sich irgendwo im Körper festgesetzt hat. Danach versucht man, es zu beseitigen. Die ayurvedische Medizin geht also ganzheitlich vor. Das passiert in der westlichen Medizin eher selten. Dennoch sehe ich beide Systeme als sehr kompetent und vor allem komplementär an. Es wäre wünschenswert, sie zum Wohle von Patienten gemeinsam einzusetzen. Ein Schwerpunkt des Ayurveda ist die Vorsorge, also die Vermeidung von Erkrankungen. Hier kann Ayurveda die moderne westliche Medizin unglaublich gut ergänzen.

Die Welt: Die Ratschläge zur Lebensführung, wie sie der Ayurveda gibt, könnten also inhaltlich ebenso gut aus der westlichen Medizin kommen?

Ulrich Bauhofer: Absolut. Allerdings werden in der ayurvedischen Medizin die Dinge nicht in einer wissenschaftlichen Terminologie erklärt, sondern sehr viel einfacher und volkstümlicher. Dadurch können die Menschen die Empfehlungen leichter umsetzen. Interessant ist die Entwicklung hin zu einer personalisierten Medizin. Das macht die ayurvedische Medizin ja bereits seit Tausenden von Jahren. Dort wird auf die individuellen, konstitutionellen Besonderheiten eines Menschen großen Wert gelegt. Es ist eben nicht für jeden alles gleich richtig oder falsch. Man muss vielmehr auf die Individualität des Einzelnen Rücksicht nehmen. Jeder Mensch ist anders. Das muss man sowohl bei der Therapie als auch der Vorsorge berücksichtigen.

Die Welt: Die westliche Medizin verwendet den Begriff personalisierte Medizin aber nicht in dem Sinne, wie Sie es jetzt für den Ayurveda erklärt haben?

Ulrich Bauhofer: Das stimmt. Bislang meint man damit in der westlichen Medizin hauptsächlich, genauer auf die genetische Struktur eines Menschen zu schauen. Doch auch das bedeutet im Kern schon, eine Medizin so betreiben zu wollen, dass sie für den Einzelnen passt.

Die Welt: Sie sind Vorsitzender der Deutschen Gesellschaft für Ayurveda. Wird hierzulande nicht manches unter dem Label Ayurveda angeboten, was diesen Namen eigentlich nicht verdient?

Ulrich Bauhofer: Das ist leider richtig. Mit Ayurveda verbinden viele Menschen schlicht irgendwelche Wellnessbehandlungen, wie sie inzwischen fast jedes Hotel anbietet. Es wäre wichtig, Standards für die Ausbildung zum Ayurveda-Arzt festzulegen, sodass sichergestellt ist, dass Patienten auch auf kompetente Therapeuten treffen. Ein bisschen Öl über jemanden zu gießen bedeutet noch nicht, dass das Ayurveda ist.

Die Welt: Aber es kann jeder unter dem Begriff Ayurveda Dienstleistungen anbieten?

Ulrich Bauhofer: Der Begriff Ayurveda ist nicht schützbar. Ayurveda heißt nichts anderes als „Wissen vom Leben".

Die Welt: Wenn im Wellnessbereich der Begriff Ayurveda gut funktioniert. Warum gibt es unter diesem Label nicht auch Lebensmittelgeschäfte, die ayurvedische Ernährung anbieten?

Ulrich Bauhofer: Es wäre wünschenswert, wenn es Geschäfte gäbe, die seriös individuell geeignete Lebensmittel verkaufen würden. Nicht jede Ernährungsform ist für jeden geeignet. Ein Nahrungsmittel, das für den einen gut ist, muss es für einen anderen nicht sein. Dass Lebensmittel nicht unter diesem Gesichtspunkt angeboten werden, ist eine Marktlücke.

Die Welt: Wie lassen sich die Empfehlungen für ein gesundes, glückliches und langes Leben zusammenfassen?

Ulrich Bauhofer: Das Grundprinzip heißt: Lasse genügend Raum dazwischen! So, wie nach einer Mahlzeit noch genügend Raum im Magen sein soll, so sollte man hinreichend Raum zwischen seinen Terminen lassen und auch genug Raum zwischen den Tagen, also ausreichend schlafen. Ich finde es sehr faszinierend, wie das Prinzip vom ausreichenden Raum dazwischen überall in der Natur verwirklicht ist. Die Energie des ATP-Moleküls – des

Energieträgers im menschlichen Organismus – steckt im Raum zwischen den Atomen, also in der chemischen Bindung. In jedem Atom gibt es viel Raum zwischen dem Kern und den Elektronen, und im Weltall insgesamt gibt es sehr viel Raum zwischen den einzelnen Galaxien und Sternen. Wenn wir einen Text lesen, entsteht der Sinn erst, wenn es Raum zwischen den einzelnen Wörtern gibt. Und auch bei zwischenmenschlichen Beziehungen hat der Raum zwischen den Menschen eine besondere Magie. Dort entscheidet sich, ob man jemanden sympathisch findet oder sich gar verliebt.

Traubenkernextrakt hilft Hautprobleme, Allergien, Falten, Probleme mit den Blutgefässen, Schlechte Augen, PMS und Chronische Entzündungen zu lösen. Im Traubenkernextrakt steckt OPC und damit ein ungeheures Heilpotential. OPC ist ein antioxidativ wirksamer Pflanzenstoff und gleichzeitig Spezialist für ganz bestimmte Körperbereiche. OPC wirkt insbesondere auf die Haut, die Augen, gegen Krebs, das Immunsystem und sogar auf den Hormonhaushalt.

OPC macht Ihre Haut glatt und geschmeidig

OPC ist natürliches Face-Lifting

OPC für schnelle Wundheilung

OPC bei Neurodermitis

OPC für schönes und volles Haar

OPC für gesunde Augen

OPC schützt Herz und Blutgefässe

OPC senkt den Cholesterinspiegel

OPC gegen PMS

OPC bei Allergien

OPC schützt Gehirn und Nerven

OPC bei Krampfadern, Ödemen und Schwellungen

OPC bei Krebs

OPC verlängert Ihr Leben

OPC-Quelle Rotweinextrakt

Ohne schlaffe Haut und Falten wäre das Leben gleich doppelt schön. Zwar lässt sich mit kosmetischen Tricks einiges vertuschen. Doch wäre es nicht grossartig, wenn man auch ohne Tuben und Tiegel einfach blendend aussähe? Traubenkernextrakt könnte Ihnen dabei helfen!

Traubenkernextrakt gehört zu den Anti-Aging-Wundermitteln der allerersten Klasse. Traubenkerne stecken nämlich voller OPC (Oligomere Proanthocyanidine).

OPC gehört zu den Polyphenolen, einer grossen Gruppe aus dem Bereich der sekundären Pflanzenstoffe. Besonders beeindruckend ist die antioxidative Kraft des OPC, das gar eines der stärksten verfügbaren Antioxidantien ist, die wir kennen. Im tagtäglichen Kampf gegen bedrohliche freie Radikale kann OPC für Sie die Front halten – wenn Sie das möchten. OPC macht Ihre Haut glatt und geschmeidig. Freie Radikale greifen alle Zellen an. Wenn Sie die Haut im Visier haben, dann nehmen die Bösewichte der Haut ihre Spannkraft und legen sie in tausend Knitterfalten. Besonders tiefe und hartnäckige Falten entstehen dann, wenn freie Radikale nicht nur die Hautzellen selbst angreifen, sondern ausserdem die beiden Faserproteine – Kollagen und Elastin – die sich zwischen den Hautzellen befinden und unsere Haut straff und elastisch halten. Die Faserproteine verlieren nach Radikal-Angriffen ihre Stabilität und Elastizität. Schliesslich werden sie von körpereigenen Enzymen abgebaut. Je weniger Kollagen aber in der Haut vorhanden ist, umso weniger Feuchtigkeit kann die Haut speichern. Sie trocknet aus und wird noch faltiger. Auch die winzigen Blutgefässe, die jede Hautzelle mit Nährstoffen und Sauerstoff versorgen, bestehen zu einem Teil aus Faserproteinen und bilden sich mit abnehmendem Faserproteinanteil immer weiter zurück. Was aber passiert dann? Je weniger Blutgefässe in die Haut führen, umso schlechter ist sie mit Nähr-

stoffen und Sauerstoff versorgt. Im Hautgewebe befinden sich
jedoch auch Zellen (Fibroblasten), die eigentlich – wenn sie
könnten - täglich neue Faserproteine bilden würden. Auch sie
werden von den freien Radikalen angegriffen und können daraufhin immer weniger Faserproteine bilden, so dass der Teufels-
kreis endgültig geschlossen ist. Ein Entrinnen gäbe es nur, wenn
jemand die freien Radikale aufhalten könnte. OPC kann das er-
ledigen. OPC und all die anderen antioxidativen Wirkstoffe im
Traubenkernextrakt schützen die Hautzellen, die Fibroblasten,
die Faserproteine und die Blutgefässe vor freien Radikalen und
damit vor Verfall und Alterung.

OPC ist natürliches Face-Lifting

Auf diese Weise wirken jedoch viele Antioxidantien. Das Besondere an OPC ist nun, dass sein antioxidatives Potential 20 Mal
grösser ist als jenes von Vitamin E und 50 Mal so wirkungsvoll
wie die antioxidative Kraft des berühmten Vitamin C. OPC kann
aber noch viel mehr für Ihre Haut tun. OPC repariert Kollagen,
das instabil geworden ist. Wenn Sie sich die Struktur des Kolla-
gens wie eine Leiter vorstellen, deren Sprossen langsam aber
sicher morsch werden oder bereits ganz fehlen, dann kann OPC
die fehlenden oder brüchigen Holme ersetzen. Falten glätten
sich und die Haut gewinnt ihre einstige Spannkraft zurück. Es
handelt sich hierbei um eine Art natürliches Face-Lifting – ganz
ohne Messer und Schmerzen. Die Hautenzymaktivität wird durch
das OPC ausserdem gefördert, was zu einem erhöhten Schutz
gegen UV-Strahlung führt. Meiden Sie Ihrer Haut zuliebe zusätzlich sämtliche Faktoren, die Ihnen überflüssige freie Radikale
bescheren. Die Zahl der Radikale kann nämlich durch Rauchen,
Drogen, Alkohol, Stress und schlechte Ernährung ins Unermess-
liche steigen, weshalb wir zum grossen Teil für unser Aussehen
selbst verantwortlich sind. Wer uns da also im Spiegel zer-
knautscht und müde gegenübersteht und uns nicht selten einen
üblen Schrecken einjagt, ist das, was wir selbst mit unserer Lebensweise aus uns gemacht haben. Mit OPC an unserer Seite

haben wir die Möglichkeit, die Umkehr zu wagen und ein neues Leben zu beginnen.

OPC für schnelle Wundheilung

Wenn OPC nun so segensreiche Auswirkungen auf das Bindegewebe und die Haut hat, dann heilen natürlich auch Wunden unter dem Einfluss von OPC und Traubenkernextrakt deutlich schneller. Die Wirkstoffe des Traubenkernextrakts – allen voran OPC - machen Bakterien unschädlich, animieren beschädigte Blutgefässe zur raschen Regeneration und unterstützen eine gründliche Bindegewebsreparatur.

OPC bei Neurodermitis

Alle bisher genannten Eigenschaften des OPC plus seine immunsystementlastende Wirkung sowie die weiter unten beschriebene entzündungshemmende Wirkung lassen die Hoffnung aufkeimen, dass OPC auch bei Neurodermitis hilfreich sein könnte. Neurodermitis ist ein vielschichtiges Geschehen und sollte nie nur mit einem einzigen Stoff in Angriff genommen werden. Zur ganzheitlichen Therapie der Neurodermitis gehören daher die richtige Ernährung, die Symbioselenkung der Darmflora, die regelmässige Entgiftung, natürlich die Meidung möglicher auslösender Faktoren, die Versorgung mit ausreichend Vitamin D und aller Vitamine des B-Komplexes sowie vieles weitere mehr. OPC kann hier jedoch ein mächtiger Begleiter der effektiven und naturheilkundlichen Neurodermitistherapie sein. So liegen Erfahrungsberichte von Neurodermitis-Patienten vor, die mit einer Dosis von täglich 100 mg OPC eine deutliche Verbesserung des Hautbildes erlebten. Allerdings ist – wie generell bei der Therapie von chronischen Erkrankungen – Geduld erforderlich. Erfolge zeigen sich meist erst nach mehreren Monaten.

OPC für schönes und volles Haar

Schöne, gesunde und junge Haut ist natürlich nicht alles im Leben. Eine geschmeidige Haarpracht wäre auch nicht schlecht. OPC wirkt sich bei vielen Menschen (und übrigens auch bei Tieren, insbesondere bei Hunden) ausserordentlich positiv und vor allen Dingen sichtbar auf den Haarwuchs und die Haaroptik aus. Das Haar wird weich, glänzend und wächst überdurchschnittlich dicht und schnell und wird länger als je zuvor. Japanische Studien zeigten schon vor vielen Jahren, dass OPC die Zellvermehrung der Haarfollikel im Vergleich zu Kontrollpräparaten um 230 % antreiben konnte. Ausserdem verfügt OPC über eine bemerkenswerte Fähigkeit, den Haarzyklus zu beeinflussen. OPC erhöht nämlich die Zahl jener Haare, die sich in der sog. Anagenphase (Wachstumsphase) befinden, so dass die betreffenden Forscher OPC aus Traubenkernextrakt als Komponente zur Förderung des Haarwuchses empfahlen.

OPC für gesunde Augen

Brillen und Kontaktlinsen sind zwar ganz hilfreich. Wäre es aber nicht besser, wir könnten unsere Sehkraft bis ins hohe Alter erhalten? Man bedenke, was man allein mit der Zeit anstellen könnte, die man beim Optiker und Augenarzt verbringt. Erfahrungswerte zeigen, dass die tägliche Einnahme von 300 mg Traubenkernextrakt die Auswirkungen permanenter Augenbelastung durch stundenlange Computerarbeit in nur 60 Tagen reduzieren kann. Und nicht nur das, Traubenkernextrakt wird ausserdem empfohlen, um die sog. Makuladegeneration und den Grauen Star zu bekämpfen sowie die Sehfähigkeit bei Nacht zu verbessern. Die Makuladegeneration ist eine Augenerkrankung, bei der die Netzhautzellen absterben und die Sehfähigkeit im zentralen Gesichtsfeld beeinträchtigt wird. Man sieht also beispielsweise die Uhr, aber nicht die Zeiger, man sieht zwar die Umrisse einer Person, aber nicht das Gesicht.

OPC schützt Herz und Blutgefässe

Natürlich greifen freie Radikale nicht nur Haut, Haar und Augen an. Sie sind an der Entstehung vieler weit verbreiteter Gesundheitsprobleme beteiligt, wie z. B. Osteoporose, Karies, Diabetes und Verdauungsprobleme. Auch Bluthochdruck kann sich entwickeln, wenn Blutgefässe von freien Radikalen beschädigt wurden. Denn genau wie in der Haut, enthalten die Blutgefässwände ja im gesamten Körper die erwähnten Faserproteine, die ihnen Stabilität und Elastizität verleihen. Nimmt die Zahl der Faserproteine ab, verhärten die Blutgefässwände, der Blutfluss gerät ins Stocken und der Körper erhöht den Blutdruck, um die Angelegenheit trotz schlechter Gefässsituation wenigstens einigermassen in Fluss zu halten. Hier greifen wiederum OPC und alle anderen Antioxidantien aus dem Traubenkernextrakt helfend ein, schützen die Faserproteine, erhalten die Elastizität der Blutgefässwände, halten die Blutgefässe von Ablagerungen frei und bewahren sie vor künftigen oxidativen Schäden durch freie Radikale. Das Risiko für Herz-Kreislaufprobleme wird mit OPC folglich auf ein Minimum reduziert.

OPC senkt den Cholesterinspiegel

In diesem Zusammenhang ist auch die Wirkung von OPC und Traubenkernextrakt auf den Cholesterinspiegel von Interesse. Nach zwei vielversprechenden Studien wird vermutet, dass Traubenkernextrakt den Cholesterinspiegel senken kann, wobei eine Kombination von Traubenkernextrakt und der Einnahme eines Chrompräparates die Cholesterinwerte deutlicher reduzieren konnte als OPC bzw. Traubenkernextrakt allein.

OPC gegen PMS

OPC wirkt auch in einem sehr diffizilen Bereich äusserst positiv, nämlich im Bereich des weiblichen Hormonhaushalts, z. B. bei PMS-Beschwerden. PMS beschreibt den Symptomenkreis des Prämenstruellen Syndroms. Dazu gehören alle hormonell bedingten Erscheinungen, die grundsätzlich wenige Tage vor der Regel auftreten und sich mit Einsetzen der Blutung wieder in Luft auflösen, wie z. B. Stimmungsschwankungen, Kopfschmerzen, Mattigkeit, Regelschmerzen etc. Wie konkret OPC auf den Hormonhaushalt einwirkt, ist noch nicht eindeutig geklärt. Vermutet wird, dass OPC über die Stärkung und Regulierung des Immunsystems auch das Hormonsystem harmonisieren kann. Eine Untersuchung zeigte jedenfalls, dass ein Grossteil (60 Prozent) von

165 Frauen, die vier Monate lang täglich vom 14. bis zum 28.
Tag ihres Zyklus 200 mg OPC eingenommen hatten, bereits
nach zwei Monaten eine Linderung Ihrer PMS-Beschwerden
verspürten. Nach vier Monaten waren es gar 80 Prozent, denen
es mit OPC deutlich besser ging.

OPC bei Allergien

OPC aus Traubenkernextrakt könnte auch als natürliches ne-
benwirkungsfreies Anti-Histamin eingesetzt werden und auf diese Weise allergische Reaktionen mildern. So soll OPC die Akti-
vierung bestimmter entzündungsfördernder Enzyme hemmen,
die in aktivierter Form zur Histaminausschüttung und somit zu
allergischen Symptomen führen würden. Dies weist darauf hin,
dass OPC ausserdem entzündungshemmende Wirkung hat, wobei der genannte Mechanismus sicher nicht der einzige ist, mit
dem OPC Entzündungen blockieren kann. Professor Jack Mas-
quelier, der viele Jahrzehnte lang OPC erforschte, ja, nahezu
sein ganzes Leben dem hochwirksamen Stoff widmete, unter-
nahm einen Selbstversuch, um die antioxidative und entzündungshemmende Kraft des OPC zu demonstrieren. Dazu trug er
an zwei Hautstellen seines Armes eine hautreizende Lösung auf.
Auf eine der beiden Stellen strich er dann eine 0,5%ige OPC-
Salbe. An der unbehandelten Stelle hatte sich nach zwei Tagen
eine unangenehme Entzündung entwickelt. Die mit OPC behan-
delte Stelle jedoch war bereits am Abheilen.

OPC schützt Gehirn und Nerven

Traubenkernextrakt und OPC könnten sogar unterstützend bei
der Behandlung von Beschwerden wie ADS (Aufmerksamkeits-
defizitstörung) eingesetzt werden, da sie die Blut-Hirn-Schranke
passieren und dann im Gehirn in die Regulierung der Neuro-
transmitter und der betreffenden Hormone eingreifen können.
Einmal im Gehirn werden OPC und die anderen Wirkstoffe des
Traubenkernextrakts auch dort sofort schützend tätig und bewahrt Nerven sowie Gehirngewebe vor oxidativen Angriffen. Er-

gebnisse sind eine verbesserte mentale Aufmerksamkeit und ein geringeres Risiko für Demenzerkrankungen.

OPC bei Krampfadern, Ödemen und Schwellungen

Bei chronischer Venenschwäche und geschwollenen, schmerzhaften Krampfadern zeigte sich in etlichen repräsentativen Studien, dass OPC aus Traubenkernextrakt die Symptome deutlich reduzieren konnte. Genauso hat sich in placebokontrollierten Doppelblind-Studien erwiesen, dass durch OPC und Traubenkernextrakt Ödeme (Wasseransammlungen im Gewebe) – etwa nach Operationen oder Verletzungen – sowie Schwellungen nach Sportverletzungen schneller wieder verschwunden waren.

OPC bei Krebs

In-Vitro-Studien hatten ergeben, dass OPC aus Traubenkernextrakt das Tumorwachstum und eventuell sogar die Entwicklung von Brust-, Magen-, Darm-, Prostata- und Lungenkrebszellen hemmen könne. Des Weiteren wird diskutiert, dass sich OPC bzw. Traubenkernextrakt als Begleittherapie parallel zu Chemotherapien eignen könne, da der Extrakt die Nebenwirkungen der Chemotherapeutika in Grenzen halte. In einer aktuellen Studie zeigen US-Forscher nun, dass Traubenkernextrakt mit OPC und anderen Wirkstoffen Krebszellen absterben lässt, während die gesunden Zellen unbeeinträchtigt bleiben. "Es handelt sich um einen wirklich dramatischen Effekt", zeigt sich Dr. Rajesh Agarwal vom University of Colorado Cancer Center und Professor an der Skaggs School of Pharmaceutical Sciences von den Ergebnissen der Tests an Zellkulturen und Mäusen fasziniert.

OPC verlängert Ihr Leben

Und ganz zuletzt verlängert der Extrakt aus Traubenkernen mit seinem hohen Gehalt an OPC sogar das Leben – zumindest das von Ratten. Wissenschaftler schlossen daraus, das treffe dann wohl auch auf uns Menschen zu, denn wir seien schliesslich auch nur Tiere. Wenn Sie Traubenkernextrakt nun ausserdem gemeinsam mit einer vitaminreichen Kost einnehmen, dann können Sie auf diese Weise die schützende Wirkung des OPC noch um ein Vielfaches erhöhen. OPC verstärkt nämlich die antioxidative Fähigkeit der Vitamine und umgekehrt. Beide – OPC aus Traubenkernextrakt und Vitamine – wirken also synergetisch und heizen sich gegenseitig zu immer neuen Glanzleistungen an, zu denen jeder für sich alleine gar nicht in der Lage wäre. Achten Sie beim Kauf von OPC-Präparaten daher auf mindestens zwei wichtige Punkte: Das OPC sollte in Form von Traubenkernextrakt vorliegen, also nicht als isolierter Stoff. Natürliches Vitamin C sollte dem Traubenkernextrakt beigemischt sein, z. B. in Form von Acerola-Fruchtpulver.

OPC-Quelle Rotweinextrakt

OPC ist überdies nicht nur im Traubenkernextrakt enthalten, sondern auch im Rotweinextrakt. Wenn Sie letzteren daher z. B . gerade für Ihr Herz-Kreislauf-System und für den Gefässschutz einnehmen, dann können Sie von dieser Massnahme auch einige der hier aufgeführten Eigenschaften und Wirkungen erwarten. Details zum Rotweinextrakt lesen Sie hier: Rotweinextrakt: Heilen ohne Alkohol Und wenn Sie zusätzlich OPC in Form von Traubenkernextrakt einnehmen, dann können sich beide Extrakte in ihrer Wirkung unterstützen und verstärken. ANMERKUNG: Personen, die auf Trauben oder Rotwein allergisch oder mit Intoleranzen reagieren, sollten Traubenkernextrakt und Rotweinextrakt nicht verwenden. Traubenkernextrakt sollte auch nicht gemeinsam mit Blutverdünnungsmitteln eingenommen werden.

5 Dinge, die passieren, wenn du auf Zucker verzichtest. „Zucker ist so gefährlich wie Tabak", schreibt das „British Medical Journal". Und weiter: „Ein bisschen Zucker ist kein Problem, aber eine große Menge schadet enorm." Für einen Erwachsenen gilt die Höchstmenge von 25 Gramm pro Tag – soviel wie sechs Teelöffel oder ein Schokoriegel. Was passiert, wenn du Zucker vom Ernährungsplan streichst, liest du hier:

1. Hartnäckige Kilos schmelzen

Wer Süßes durch gesunde Snacks wie Nüsse, Joghurt oder ein Stück Obst ersetzt, nimmt weniger Kalorien zu sich – und auf Dauer ab. Wenn du täglich 200 Kalorien durch weniger Zucker einsparst, verlierst du rund fünf Kilo in sechs Monaten. Und der Heißhunger verschwindet aus Ihrem Leben.

2. Fitter Körper, gesunder Schlaf

Nach einem Schokoriegel am Nachmittag fällt der Blutzuckerspiegel in den Keller und man möchte sich auf der Stelle schlafen legen. Ohne Zucker fühlt man sich tagsüber fitter und auch nächtliche Schlafstörungen verschwinden. Denn ein hoher Blutzuckerspiegel kurbelt den Stoffwechsel an und die bereitgestellte Energie muss verarbeitet werden – Nachtruhe ade.

3. Streichelzarte Haut

Zucker fördert Entzündungen im Körper, das gilt auch für lästige Pickel. Bereits kleine Mengen des Süßstoffs reagieren mit dem Hauteiweiß, verkleben die kollagenen Fasern, die Haut verliert an Elastizität. Eine Studie zeigte: Tranken Nicht-Softdrink-Trinker drei Wochen lang eine Dose Cola täglich, verschlechterte sich ihr Hautbild um 87 Prozent.

4. Gute-Laune-Booster

Der zuckerverwöhnte Körper zeigt bei Entzug dieselben Symptome wie bei langjähriger Drogenabhängigkeit, sagen Ernährungswissenschaftler. Die gute Nachricht: Schafft man es, längere Zeit auf Zucker zu verzichten, hebt das die Laune und man leidet seltener an Gefühlsschwankungen, Depressionen und Angstzuständen.

5. Das Herz sagt Danke

Es ist ein biochemisches Gesetz: Sobald du Zucker zu dir nimmst, produziert dein Körper eine große Menge Insulin. Dieses Hormon aktiviert das sympathische Nervensystem, Blutdruck und Herzfrequenz steigen. Ohne Zucker bleiben der „Insulinschock" aus und Ihr Blutzuckerspiegel konstant. Schon nach wenigen Wochen fühlen Sie sich wohler. Harvard-Studie: Wer diese fünf Dinge befolgt, kann zehn Jahre länger leben. Ein im Jahr 2015 geborener US-Amerikaner hat eine durchschnittliche Lebenserwartung von 78,6 Jahren. Ein Blick auf eine Statistik der Weltbank verrät: Der im selben Jahr geborene Deutsche hat Chancen 80 Jahre alt zu werden. Ein Kanadier 82,1, ein Franzose 82,2 und ein Australier sogar ganze 82,4 Jahre. Die im Vergleich zu anderen Industrieländern geringere Lebenserwartung der Amerikaner hat US-Forscher auf den Plan gerufen: Was machen die anderen anders oder vielleicht sogar besser? In einer Langzeitstudie werteten die Forscher der US-Uni „Harvard T.H. Chan School of Public Health" die Daten von 78.865 Frauen und 44.354 Männern aus einem Zeitraum von 34 beziehungsweise 27 Jahren aus. Dabei waren ihnen besonders fünf Faktoren wichtig, die sich positiv auf unsere Lebenserwartung auswirken können.

Verzicht auf Zigarettenkonsum

Kein Übergewicht

Täglich mindestens 30 Minuten Sport

Wenig bis keinen Alkohol

Gesunde Ernährung

Am günstigsten wirkte sich ein gesunder Lebenswandel auf die Lebenserwartung aus: Personen, die nicht rauchen, kein Übergewicht haben und idealerweise einen Body-Mass-Index zwischen 18,5 und 24,9 aufweisen, täglich mindestens 30 Minuten Sport treiben (moderate bis intensive Bewegung) und nur wenig Alkohol trinken. Wenig Alkohol definierten die Forscher in der Studie mit rund 200 cl bei Frauen und das doppelte, also maximal 400 cl bei Männern. Ebenso wichtig: gesunde Ernährung. Frauen können mit gesunder Lebensweise 14 Jahre länger leben. Frauen im Alter von 50 Jahren, die sich an keinen dieser Faktoren hielten, hatten eine durchschnittliche Lebenserwartung von 79 Jahren, Männer eine von 75,5 Jahren. Diejenigen unter den Studienteilnehmern, die alle fünf Faktoren langfristig in ihren Alltag eingebunden hatten, hatten eine deutlich höhere Lebenserwartung: Frauen leben im Schnitt bis zum Alter von 93,1 Jahren, Männern 87,6 Jahre. Damit können Frauen mit einer gesunden Lebensweise die Lebenserwartung um 14 Jahre steigern, Männer um zwölf Jahre – im Vergleich zu denen, die keinen der Faktoren in ihrem Leben umsetzten.Langzeitstudie belegt. Eine schlechte Ehe ist so schädlich wie Rauchen oder Trinken. Schlafforscher warnt. Wir Deutschen leben in einer übermüdeten Gesellschaft.

Kapitel 3

Darstellung der Krämerischen Weltallformel und Weltall-masse.

Man muss kein Quantenphysiker sein, um die Welt und Physik zu verstehen, generell muss man nicht studiert haben und dann anschliessend mit einem Tunnelwissen durchs Leben zu marschieren. Es gibt nur einen Weg im Leben: Ganzheitliches Denken. Damit ist gemeint nicht nur das im Leben anzuwenden was man in der Schule nach herkömmlichen Wissen gelernt hat, sondern über den Tellerrand nach links und rechts schaut, mehr habe ich auch nicht getan und bin auf folgende Formel gestossen:

Krämerische Weltallformel: $M = H / N2$

$M = 0,81648$ unit/mol x kg, wobei M die Masse des Weltalls, N die Neutrinos und H der Wasserstoff darstellt. Die Herleitung der Formel ersehen Sie weiter unten. Demnach bestehen unendlich viele Weltalle mit einer jeweils bestimmten Masse, jedes Weltall dehnt sich schneller aus als bisher gedacht, jedes Weltall ist mit Wurmlöchern miteinander verbunden, jedes Atom in allen Weltallen und natürlich auch auf unserer Erde kommunizieren miteinander. Jeder Mensch hat unendlich viele Spiegelbilder von sich auf unendlich vielen Weltallen mit jeweils unterschiedlichen Räumen und Zeiten. Es ist nicht notwendig wie ein Genie durchs Leben zu gehen, oft reicht einfaches Allgemeinwissen aus um seine Gedanken zusammen zu fassen. Nach Albert Einstein ist $e = m \times c2$, seine Relativitätstheorie sagt aus, das Energie gleich Masse mal der Geschwindigkeit hoch 2 ist. Wenn jedoch die Masse der Neutrinos kleiner und die Geschwindigkeit der Neutrinos schneller sind als das Licht, muss seine Formel verbessert werden und wie folgt lauten: $E = M \times N2$. Einstein ist damals nicht auf diese Tatsache eingegangen und hat Tesla nur belächelt, auch hatte Einstein Schwingungen in seinen Überlegungen fälschlicherweise nicht mit einbezogen.Jedoch hatte Tesla mit seiner freien Energie - aus der ja die Neutrinos bestehen -

recht, diese Energie ist immer und überall auf der Welt für jeden kostenlos abgreifbar und in Strom umzuwandeln. Diese simple Technik kann mit einer einfachen hochbeschichteten Platte dargestellt werden, welche die Neutrinos - also kosmische energiereiche Teilchen - auffängt und in Strom umwandelt. Da ja nach Einstein Energie gleich Masse ist und die Neutrinos ja auch eine Masse besitzen, kann diese Masse mit einer hochbeschichteten Platte aufgefangen und in Strom umgewandelt werden. Bereits damals konnte Tesla damit kostenlos Strom erzeugen und Motoren antreiben. Daher kann jeder Haushalt auf der Welt frei und kostenlos über Strom verfügen, Radios und Fernseher kostenlos betrieben werden und größere Strommengen können über einen eigenen freien Antriebsmotor geliefert werden. Dieser Motor besteht aus einer Scheibe, mehreren Magneten, einem Generator und einer Platte zum Auffangen der Neutrinos, welcher einmal von Hand angeworfen über die Schwingungen des Magnetismus permanent läuft und einen Generator zur Stromerzeugung antreibt. Jeder Mensch wird sein eigener Stromversorger, die armen Länder könnten endlich über freien Stromzugang verfügen und Ihre Infrastruktur ausbauen. Umweltschädliche Verbrennungsprozesse sind nicht mehr notwendig, die Verbrennung von Kohle, Öl und Gas, sowie die Nutzung von Brennelementen in Atomkraftwerken zur Stromerzeugung gehören der Vergangenheit an. Die Industrie kann mit Ihrem grossen Strombedarf über sogenannte Teslatürme, kabellos Strom beziehen und ihn auch über eine Stromcloud speichern. So wie Daten in einer Cloud gespeichert werden können, so kann auch Strom in einer Stromcloud gespeichert werden, welche den Strom über eine IBM-Mastercontrol steuert und zu- und abgehender Strom kabellos weltweit verteilt werden kann.

Originalaufzeichnung der erstellten Formel am 29.12.2018 bei meiner Freundin zuhause vor dem Frühstück nachfolgend.

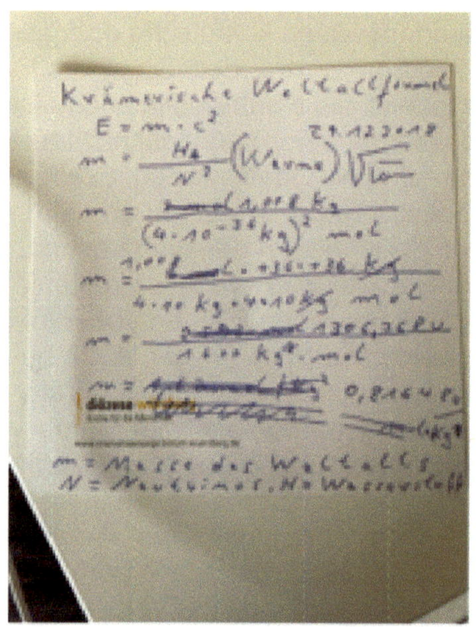

Währungseinheit zum Kauf von Strom ohne Banken als Kryptowährung:

Krämer als Währung: Das heisst, 1 Krämer entspricht 1 EUR-Cent pro selbsterzeugter KWh elektrischem Strom. Dieser Strom kann von jedermann über die Kryptowährung Krämer gehandelt, d.h. ge- und verkauft werden. Stromversorgungsunternehmen werden für den Privathaushalt weltweit überflüssig, sowie werden weltweit keine korrupten Banken sowie Verbrennungsprozesse zur Stromerzeugung mehr notwendig.

Markenzeichen: 1 Krämer Coin.

Mit Umwandlung der bestehenden Firma TUBA in eine neue Aktiengesellschaft wird der Coin ins Leben gerufen. Die neue Gesellschaft befasst sich u.a. mit: Verbrennungsloser und freier Energie für alle, Entwicklung der Stromcloud und weltweiten, kabellosen Stromverteilung, freie Energiemotorenfahrzeuge ohne Treibstoffzusatz, Wasserstoff als Energieträger für alle Fahrzeuge und Haushalte, Reduzierung der weltweiten CO2 Problematik und sofortiger Stop des Treibhauseffektes, Energie durch gesunde Ernährung, Cannabis und andere Pflanzen als Medizin anbauen und mit verschiedenen Geschmäckern und medizinischen Heilwirkungen vertreiben, Einführung einer echten rauchfreien, elektrofreien, verbrennungslosen Zigarette, wahlweise mit Frucht, Kräuter oder Cannabis Geschmack. Sofortige Einführung von TUBA Plasma Magma Kraftwerken zur Stromerzeugung weltweit. Beratung bei der Abschaffung aller alten Verbrennungskraftwerke und aller alten Verbrennungsmotoren in allen Fahrzeugen weltweit mit Weiterentwicklung der Wasserstofftechnologie und freien Energieautos. Anbau der Jatropha Wunderpflanze für die Stromerzeugung aus dem Öl der Kerne und Nutzung zu medizinischen und anderen Zwecken. Beratung bei der Einführung von Jatropha Bio Öl für die umweltfreundliche Nutzung von Treibstoff für Flugzeuge aller Art. Beratung in der Einführung von Carbon-Turbinenschaufeln und Brennräumen für eine erhebliche Gewichtseinsparung und somit Kosteneinsparung für die Flugzeugindustrie. Beratung zur Einführung von Kunstoff Containern zur Gewichtseinsparung bei Schiffs—und LKW Transporte für eine Treibstoffreduzierung. Beratung in der Erneuerung der Waffentechnologie mit neuster Lasertechnik. Anbau von Cannabis zu medizinischen Zwecken mit verschiedenen Geschmacksrichtungen wie z.B. Zitrone oder Orange. Beratung zur Abschaffung aller Windkraftanlagen, Solarzellen und Stromleitungen, sowie Beratung zur Abschaffung aller alten Lithium Batterien und Erneuerung durch neuste Algenbatterietechnologie zur effektiven Zwischenspeicherung von Strom bis die Stromcloud nach Krämer weltweit für alle eingesetzt werden kann. Beratung zur Einführung von Mini Blockheizkraftwerken für

Haushalte, betrieben mit Wasserstoff und Flüssiggas für eine Übergangszeit.

Nachfolgend ersehen Sie ein erstes Beispiel einer Stromcloud nach Krämer.

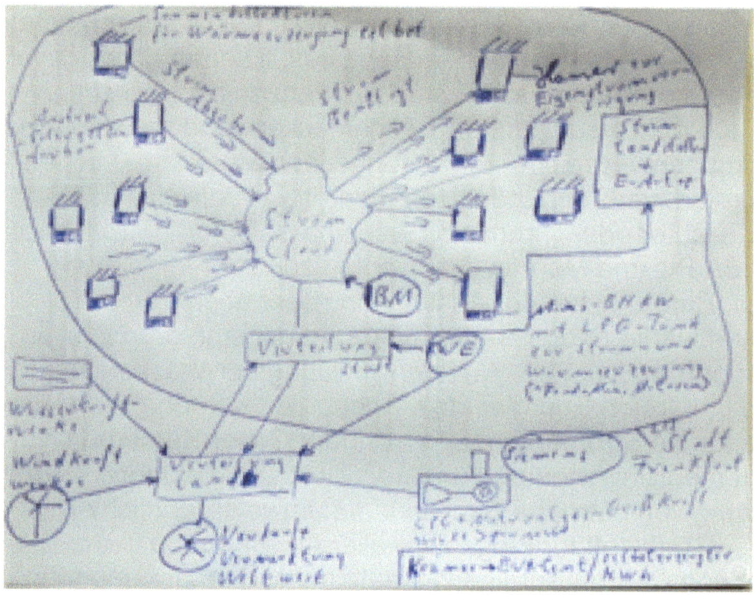

Kapitel 4

Die Industrien in Deutschland

Ich wünsche allen ein gutes neues Jahr, nachdem ich gefühlt 43 Grad Celsius Extremkopfschmerzen hatte, nach der geilen Silvesterparty mit und bei meiner Freundin und deren 2 Töchter. Das Zeug was ich dummerweise getrunken hatte hiess 43 und es war ein spanischer, extrem süsser Liqueur mit 43 % Alkohlanteil, dazu kamen noch mehrere Gläser Sekt. Da ich ja ein Gegner der heutigen Pharmaindustrie bin, nehme ich keine künstlich hergestellten Medikament wie Aspirin, etc., stattdessen habe ich heute morgen 1 Liter Kranwasser getrunken, mein Gesicht kalt mit Wasser abgeschreckt, 3 Scheiben frischen Ingwer roh gegessen und einen mit frischen Ingwerscheiben versehenen Tee getrunken, nach 1 Std. hatte ich keinerlei Beschwerden mehr und kann nun weiter schreiben. Ich denke, dass ich zukünftig ganz auf Alkohol verzichte, da die Nebenwirkungen wie Kopfschmerzen und Zerstörung meiner letzten Hirnzellen nicht unerheblich sind. Was Nebenwirkungen von Medikamenten angeht, musste ich mal ein Mittel Namens Quetapin gegen Schizophrenie über 1 Jahr lang einnehmen, dieses habe ich dann letztendlich mit Rücksprache meines Körpers abgesetzt und langsam ausgeschlichen. Seitdem geht es mir körperlich und geistig richtig gut. Unter den gefühlten 100 vom Hersteller aufgelisteten Nebenwirkungen, ist mir eine Nebenwirkung besonders aufgefallen: Der Tod. Vom Hersteller wird diese Nebenwirkung Tod verharmlost und als unerklärlichen plötzlichen Herzstillstand aufgelistet. Für diesen Herzstillstand ist natürlich niemand verantwortlich, schon gar nicht die Pharmaindustrie. Chemisch hergestellte Medikament sind nicht notwendig, da die Natur uns alles gibt was wir an Medikation benötigen, insbesondere von Menschen welche sich ungesund, von industriell hergestellten minderwertigen und zuckerhaltigen Nahrungsmittel ernähren. Anstatt vorbeugende Instandhaltung für seinen Körper zu betreiben wie in der Traditionellen Chinesen Medizin, vergiften und ruinieren wir unsere Körper mit Produkten der Pharma- und Lebensmittelindustrie, sowie mit dem gesundheitsschädlichen Rauchen, Drogen und Alkoholkonsum. Wir nehmen gewollt eine extreme Verkürzung unseres Lebens hin. da die meisten ja mit 60 Jahren mit der sogenannten Alzheimer Krankheit im Altersheim aufbewahrt werden wollen. Es gibt keine Krankheiten wie Alzheimer, Demenz, Bipolare Störung oder Schizophrenie, diese sogenannten Geisteskrankheiten sind eine Erfindung der jeweiligen Enddecker und helfen nur der Pharmaindustrie die Gewinne im Milliardenbereich zu erhöhen. Warum kaufen Firmem wie Bayer für 63 Mio. EUR ein nachweislich krebsverursachendes Produkt vom US Hersteller Monsanto zur chemischen Herstellung von dem Unkrautvernichtungsmittel Glyphosat? Aufgrund der Fehlentscheidung der sogenannten Manager - Nieten in Nadelstreifen -, muss nun Bayer erste Strafzahlungen an durch Glyphosat erkrankten Krebspatienten -richterlich angeordnet- zahlen, sowie muss Bayer 12000 Mitarbeiter entlassen und hat auch den Fehlkauf 30 Mio. EUR Schulden, dieses Geld wir schon wieder über neue, überteuerte Medikamente reingeht, da ja die Menschheit von der Pharma und Lebensmittelindustrie verarscht wird. Leider müssen immer nur die sogenannten kleinen Leuten daran glauben, verlieren durch korruptes Firmen und Politikmanagement, sowie Lobbyismus (gekaute Korruption in Politik und Wirtschaft, auch Schmiergelder genannt) Ihren Job und werden von unserer Industrie für ein Butterbrotlohn zum arbeiten versklavt. Es gibt zahlreiche Beispiele von Schmiergeldzahlungen in Politik und Wirtschaft, so u.a. die unaufgeklärte Leuna Affäre mit dem Altkanzler Kohl. Ein weiteres Beispiel ist Altkanzler Gerhard Schröder, welcher 561.000 Euro aus der Staatskasse für ein Büro in Berlin erhielt. Zudem erhält Schröder ein Ruhegehalt, das alleine für seine sieben Amtsjahre als Kanzler (1998 bis 2005) laut Gesetz rund 35 Prozent des Gehalts der derzeitigen Regierungschefin Angela Merkel (CDU) beträgt und damit 6446 Euro im Monat. Hinzu kommen Bezüge für seine Zeit in der niedersächsischen Landesregierung und als Bundestagsabgeordneter. Der SPD-Politiker hatte nach einem Medienbericht über die Vorstandsgehälter bei Rosneft in Höhe von sechs Millionen

Euro selbst gesagt, er bekomme weniger als ein Zehntel – also 600.000 Euro – davon. Die Europäische Union hat den Staatskonzern Rosneft wegen Russlands Rolle im Ukrainekonflikt 2014 mit Sanktionen belegt. Kurz nach seiner Abwahl als Kanzler 2005 war der heute 73-Jährige Schröder bereits beim Betreiber der Gaspipeline Nord Stream von Russland nach Deutschland eingestiegen. Er wurde Vorsitzender des Aktionärsausschusses eines Konsortiums, an dem der russische Staatskonzern Gazprom die Mehrheit hält. Im vergangenen Jahr wurde er zudem Chef des Verwaltungsrats der Gazprom-Tochter Nord Stream 2. Mit der neunen Gasleitung aus Russland soll die Abhängigkeit Deutschland vom russischen Gaslieferanten weiter verstärkt werden, neue Gaskraftwerke von Siemens oder GE können somit in Deutschland, mit Unterstützung unserer fehlgeschlagenen, lobbyistischen Politik gebaut werden und somit wird weiterhin die Umwelt mit schädlichen Verbrennungsabgasen ruiniert. Unsere momentane Politik für Wirtschaft und soziales muss sofort grundlegend reformiert werden, da ansonsten Parteien wie die AFD bald unser Land feindlich übernehmen und uns der Rechtsradikalismus und Frusttation der arbeitenden Bevölkerung am Rande eines Aufstandes in Deutschland bringt. Hunderte von gut erhaltenen Kraftwerken in Deutschland und der Türkei werden nicht verkauft, da selbst in Afrika keiner mehr mit aller Verbrennungstechnologie arbeiten möchte. RWE hat zum Beispiel ein grosses 800 MW Steinkohlekraftwerk zum Verkauf, der Neupreis dieser Dreckschleuder lag bei 800 Mio. EUR, der zu erzielende Verkaufspreis wird wohl schätzungsweise unter 50 Mio. EUR liegen. Das Kraftwerk ist nur 3 Jahre alt und nie in Betrieb genommen worden. Die Kesselanlage wurde fehlerhaft gebaut, da man mit immer höheren Frischdampftemperaturen für die Turbine arbeiten wollte, jedoch das Schweissmaterial im Kessel hat technisch nicht gehalten. RWE hat sich mit dem Hersteller des Kraftwerkes finanziell geeinigt, den Rest bezahlen wie immer die Stromkunden und beteiligte Städte und Gemeinden. Nun wird auch deutlich warum Stromkunden 30 EUR-Cent pro KWh bezahlen und nicht nur 6 EUR-Cent pro KWh, was machbar wäre.

Auch hatte RWE meiner früheren Firma keine Gasturbinenkraftwerke verkauft, ich hatte sogar zusammen mit meiner damaligen Freundin ein persönliches Gespräch bei RWE. Der Vorstand hatte kein Interesse mit mir zu sprechen, stattdessen mussten wir mit anderen Mitarbeitern reden. Ich habe RWE den Original Kaufvertrag meines Kunden aus dem Iran vorgelegt, sogar habe ich erlaubt dass RWE sich eine Kopie erstellt. Der iranische Kaufvertrag war vom Käufer mehrfach unterzeichnet, die Bestellung und BAFA (Bundesamt für Ausfuhrgenehmigungen) waren in Vorbereitung. RWE wollte die seit vielen Jahren stillgelegten Gaskraftwerke nicht verkaufen und haben alles darangesetzt nicht verkaufen zu müssen. Ich hatte mehrfach mein Kaufpreisangebot um weitere Millionen EUR erhöht, ohne Erfolg. Leider musste ich auch diese Bestellung an den iranischen Kunden stornieren. Das iranische Unternehmen und der Iran selbst hätten viele weitere Kraftwerke aus Deutschland und der Türkei von meiner damaligen Firma gekauft, dies hat RWE bewusst unterbunden und konnte bis heute sein Stromkartell und drastisch überhöhte Strompreise mit einem monopolistischen Stromleitungsnetz ausweiten. Die Bundesregierung und damit jeder Steuerzahler sponsert das Stromkartell in Deutschland durch schwachsinnige Stromzulagen wie das EEG (Energieeinsparungsgesetz). Ohne eine EEG Zulage ist keine Windkraft- oder Solar und Biomasseanlage wirtschaftlich.

Kapitel 5

Die politische Neuordnung aller Länder weltweit.

Nachdem wir mit unserer momentanen politischen Führung, Gesetzgebung, Lobbyismus- und Industrie unzufrieden und korrupt leben müssen, sehe ich nur einen Weg aus dieser weltbedrohenden Krise rauszukommen: Politische Neuordnung weltweit mit dem Ziel - alle Staatschefs aller Länder an einem Tisch - und gemeinsam miteinander die Welt retten. Nicht nur Putin, Merkel oder Trump, sondern auch Staatschefs afrikanischer und asiatischer Länder, da diese Länder meist unterentwickelt sind. Das Ziel muss sein: Strom, Arbeit, Gesundheit, Nahrung, Wasserversorgung und Weltfrieden für alle Menschen zu schaffen. Reiche müssen nicht immer reicher werden, arme nicht immer ärmer, stattdessen gleichmäßig verteilen. Gemeinsam und global denken und über den Tellerrand schauen und handeln, jetzt und sofort, ansonsten werden wir die Welt nicht mehr retten können. Lasst uns anfangen weltweit miteinander zu kommunizieren, alle Länder mit allen Staatschefs, sogar mein Lieblingselement Wasser ist intelligenter als wir, da es ja bekanntlich ein Gedächtnis hat und besser kommunizieren kann als wir Menschen. Warum schaffen wir es nicht? Für eine weltweit, politische Neuordnung müssen wir selbst erstmal vor unserer eigenen Haustüre kehren und in Deutschland die politische Führung auf neue Beine stellen. Dazu gehört, das wir damit beginnen, die Menschen aus Ihrer Frustration rauszuholen, da ja unsere arbeitende Bevölkerung von der Industrie versklavt und von der Politik nicht unterstützt wird. Eine Tatsache, dass Menschen über 40 Jahre arbeiten und dann mit einer Rente, knapp über den Harz 4 Satz ums tägliche überleben kämpfen müssen, zeigt die Unzufriedenheit in unserem Land. Es darf nicht sein, dass eine Verkäuferin, Altenpflegerin oder LKWFahrer nicht von einem Gehalt leben können und meist einen zweiten oder dritten Job annehmen müssen. Die politische Frustration wird auch durch unzufriedene Bürger verursacht. Es wundert nicht, das wohl bald eine rechtsradikale Partei unser Land übernehmen wird, was das bedeutet haben wir weltweit in vielen Weltkriegen erlebt. Auch kommunistisch regierte Länder und Länder welche unter Sanktionen leiden wie der Iran müssen liberalisiert werden und am weltweiten Handel zollfrei teilnehmen. Öffnet alle Grenzen aller Länder weltweit. Lasst Menschen überall auf der Welt arbeiten wo Sie möchten, nicht nur in Deutschland haben wir einen Fachkräftemangel aus dem Ausland. Senkt die Steuern für alle arbeitenden Menschen und legt einen Mindestlohn fest, sodass jeder nur max. 8 Stunden arbeiten muss, um seinen Lebensunterhalt zu bewerkstelligen. Die Steuern für Reiche müssen erhöht werden, sowie muss es eine Reichensteuer geben, da die Schere zwischen arm und Reich immer weiter auseinander geht, dies gilt es zu stoppen, sodass eine gerechte Verteilung des Geldes zwischen Arm und Reich vorgenommen wird. Warum haben wir zwei Krankenkassen? Werden die privatversicherten Menschen anders vom Arzt behandelt als gesetzliche? Eine Bürgerversicherung für alle senkt die Kosten und behandelt alle Menschen gleich. Die Kosten für Krankenkassenbeiträge und Rentenbeiträge müssen gesenkt werden, auch die sofortige Abschaffung des überflüssigen Solidaritäsbeitrages ist überfällig. Dies und andere Massnahmen führen dazu, das wir arbeitenden Menschen endlich wieder zufriedener werden. Arbeit muss sich lohnen und muss für alle Menschen auf der Welt zum Leben dazugehören. Mit Arbeit und einem angemessenem, guten Lohn werden Menschen wieder zufriedener und die Kriminalität nimmt ab. Warum ist der eine Mensch mehr Wert als der andere? Mit Geld kann ich mir keine Lebensfreude, wahre Freunde und Gesundheit kaufen. Ein finanziell armer Mensch hat denselben Wert wie ein finanziell reicher Wert und oft einen besseren und ehrlicheren Charakter und lässt sich mit Geld nicht bestechen. Materielle Dinge füllen nur die Kassen der Industrie. Warum haben wir auf der Welt soviel kriminelle, drogenabhängige, Terroristen und sogenannte psychisch Kranke? Weil Menschen unzufrieden sind und uns weltweit die Politik ausbremst. Warum können freie Bürger in einem freien Land nicht politische Entscheidungen mitentscheiden, die Politik der Schweiz ist hier ein gutes Beispiel. In Holland, Canada und anderen Ländern ist bereits z.B. Cannabis legalisiert und zum Anbau und Konsum zugelassen. Cannabis lindert erheblich nicht nur Phantomschmerzen, sondern das harmlose Hanf dient den Menschen zum entspannen und mehr Lebensfreude. Nicht nur über das Rauchen mit einer rauchfreien THC-Liquid Zigarette mit verschiedenen Geschmäckern wie Zitrone oder Orange, sondern auch mit medizinischem Cannabis Öl wird Gesundheit erhalten und Krankheiten werden behoben. Abgesehen von den medizinischen Vorteilen, bewirkt eine weltweite Legalisierung zum Anbau, Konsum und Vertrieb von Cannabis die Reduzierung der Drogen- Beschaffungskriminalität. Keine Verbote Drogen zu konsumieren, darunter auch LSD, kein Markt und damit keine Kriminalität. Warum können wir Alkohol freiverkäuflich an jeder Ecke kaufen und es gibt kein Verbot? Alkohol schädigt die Gehirnzellen und zerstört diese, da der Alkohol ungehindert direkt über die Blut-Hirnschranke in die Hirnzellen gelangt. Das ist bei Cannabis anders und wird nicht legalisiert? Die Tabakkonzerne versprechen uns immer wieder, das Tabakrauch unschädlich sei, Tabakrauch mit seinen Verbrennungsprozessen schädigt unseren Körper sehr erheblich, nicht nur dass über 1000 nicht näher untersuchte Giftstoffe enthalten sind, darunter giftige Schwermetalle wir Blei, Cadmium und Arsen. Bislang erfolglose Versuche der Tabakindustrie eine Alternative, wie z.B. eine Elektrozigarette oder Verdampfer im grossen Umfang auf den Markt zu bringen sind bisher kläglich gescheitert. Eine wirkliche Alternative zum rauchen mit der Verbrennungszigarette ist die rauchfreie Zigarette mit jeder Art von Geschmäckern, darunter auch z.B. Cannabis mit Zitronengeschmack, die Zigarette ist im nachfolgenden Bild zu ersehen, diese funktioniert mit normalem Tabak und naturbelassen Geschmackszusatzstoffen, sieht aus wie eine normale Zigarette, mit einen kleinen Druck auf die Zigarette wird eine kleines Wärmepad aktiviert und die Temperatur der Zigarette auf max. 60 Grad Celsius erwärmt. Durch den verbrennungslosen, eingeatmeten Zigarettenrauch wird lediglich eine sehr geringer Teil an Nikotin oder Cannabis eingeatmet. Jeder Mensch auf der Welt kann jederzeit und überall rauche, im Zug, im Restaurant, im Flugzeug da ja kein Rauch entsteht und keine anderen Menschen belästigt werden.

Darstellung einer echten rauchfreien Zigarette (bereits entwickelt und marktreif)

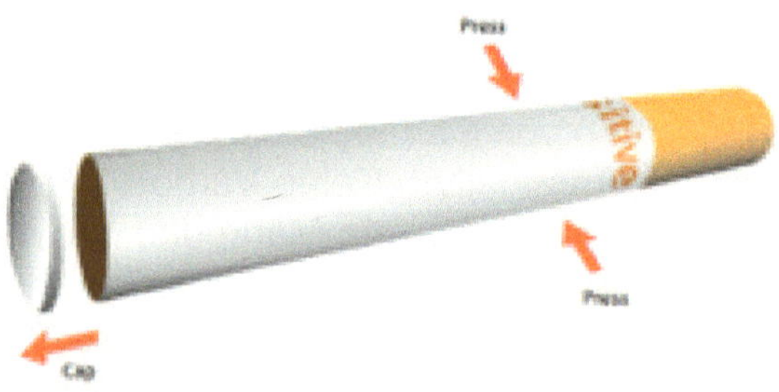

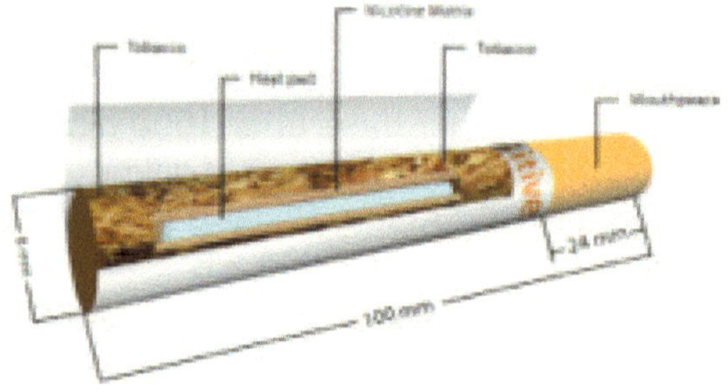

Nicht nur endlich gesundheitlich und grün denken - Stoppen von Verbrennungsprozessen zur Stromerzeugung und Rauchen, sondern auch ganzheitlich denken. 100 % aller Menschen denken nicht ganzheitlich. Ganzheitliches Denken besagt, das man global und über den Tellerrand schauend denken und vorallem dann auch so agieren muss. Ein gutes Beispiel sind hier die

Schulmediziner, sie lernen über 6 Jahre an Universitäten, falls
sie angenommen werden und einen Zeugnisdurchschnitt bei etwas über 1 haben müssen. Selbst nach den 6 Jahren müssen
sie nochmal 6 Jahre als Arzt tätig sein, damit sie überhaupt Patienten eigenverantwortlich behandeln dürfen. Die Schulmediziner
lernen nur das theoretische Wissen wie ein menschlicher Körper
funktioniert und wie er mit Medikamenten schmerzbetäubt wird.
Ich war selbst in meinem Leben bei ca. 50 Schulmedizinern wegen unterschiedlichster Beschwerden, keiner konnte mir helfen.
Nach meinem schweren Autounfall - als Fussgänger von einem
Taxifahrer ohne Führerschein angefahren worden - im Jahre
2005 in Dubai musste ich an der Hüfte operiert werden, da diese
gebrochen war. Die Einlieferung per ADAC Flugzeug in das
Krankenhaus in Bad Soden am Taunus erfolgte recht reibungs-
los. Bei der Einlieferung wurde ich vom Krankenhauspersonal
fahrlässigerweise nicht auf MSRA (Multiresistente Keime) wie in
Holland üblich untersucht. Nach über 10 schweren und aufwen-
digen Operationen in diesem Krankenhaus habe ich mir MSRA
eingefangen und wurde mit einem 8 cm verkürztem Bein und mit
Beckenschiefstand, stark humpelnd letztendlich entlassen. Daraufhin habe ich meine eigenen Entscheidungen getroffen und
mein Bein selbst wieder mit einem im Knochen eingebauten Ver-
längerungsstift wieder verlängert. Dies geschah durch die Operation im Duisburger Krankenhaus, mein Vater hat mich in dieser
schweren Zeit sehr unterstützt, wofür ich ihm bis heute sehr
dankbar bin. Leider befindet er sich mit der schulmedizinischen
Diagnose - Demenz - in einem Duisburger Altersheim und wird
dort leider nur „aufbewahrt“, die Nahrung ist extrem minderwertig, frische Luft, Wasser, Obst und Gemüse, sowie Ausgang aus
der Anstalt bekommt er nicht vom Personal, da Personalmangel
Deutschland vorherrscht.Aus diesem Grunde spare ich von meinen 416 EUR die ich als Harz 4 Empfänger monatlich bekomme
mein Benzingeld zusammen, um meinen lieben Vater besuchen
zu können und ihn an die frische Luft bringen zu können. Auch
gebe ich ihm viel Wasser zu trinken, mehr kann ich im Moment
aus finanziellen Gründen nicht machen, da ich noch meine über-

teuerte Autoversicherung monatlich bezahlen muss und von den 416 EUR meine 12 jährigen Sohn mit seiner Schule unterstützen muss, da er ansonsten aus der Schule rausgeworfen wird. Als Harz 4 Empfänger ist ein normales Leben nicht möglich, man bekommt nur erschwert eine Autoversicherung (als Harz 4 Empfänger mit Schufaeintrag muss man das doppelte bezahlen!) Auch bekommt man kein zweites Bankkonto, sowie wie ich, der seit 1 Jahr von Harz 4 Bezügen lebt, kein menschenwürdiges Leben möglich ist. Die Gesellschaft akzeptiert keine Harz 4 Empfänger, es werden nur Leute mit Geld angesehen. Haben diese Leute einen besseren Charakter? Wenn ich reich bin, kann ich auch nur 2 mal am Tag warm essen. Ein weiteres Beispiel für die fehlerhafte Schulmedizin (75 % aller Operationen sind nicht notwendig) ist das Beispiel meines guten Freundes Günther. Sein Sohn musste leider vor 5 Jahren im Alter von 40 Jahren sterben. Nach stechen im Herzen und Schweissausbrüchen wurde Petty zuhause von einem Krankenwagen abgeholt. Der Fahrer wusste jedoch nicht in welches Krankenhaus Petty gebracht werden sollte. Petty wurde 2 mal von 2 Krankenhäusern abgewiesen, da da Krankenhaus überfüllt sei. Nach weiterem suchen nach einem Krankenhaus konnte Petty schliesslich doch noch aufgenommen werden. Der behandelnde Arzt traf eine folgenschwere tödliche Fehlentscheidung, Diagnose: Herzinfarkt. Leider war diese Fehleinschätzung wegen mangelnder und inkompetenter Untersuchung eines ausländischen, nicht deutsch sprechenden Arztes falsch. Petty hatte nur ein etwas vergrößertes Herz, wodurch das Blut stärker in den Kreislauf gepumpt wurde. Petty wurde ins Krankenzimmer gelegt, Günther und seine Frau Geli haben Petty begleitet, der Arzt sagte zu Günther und Geli: bitte holen Sie kurz seinen Schlafanzug. Das haben beide dann auch gemacht, als sie wieder im Krankenhaus eintrafen, sagte der Arzt: bitte gehen Sie einen Raum weiter, da liegt ihr Sohn, er ist leider Tod. Günther und Geli haben bis heute den Verlust Ihres einzigen Sohnes nicht seelisch nicht verkraftet und sind beide daran zerbrochen. Schulmediziner behandeln keine Menschen, sie wenden nur tunnelblickmäßig an was sie an der

Uni gelernt haben und reichen den kranken Menschen nur Pillen damit die Symptome der Krankheit mit schmerzlindernden Mitteln bekämpft werden. Ein normaler Schulmediziner betrachtet und behandelt nicht die Ursache einer Krankheit und denkt nicht Ganzheitlich so wie z.B. gute und erfahrene Heilpraktiker. Es gibt keine Krankheiten, es besteht nur eine Unterversorgung des Körpers mit Vitaminen und Mineralien, sodass die Energiezellen in unserem Körper auf Energieproduktion schalten und nicht umgekehrt arbeiten und auf Energievernichtung arbeiten, bestes Beispiel ist der Verzehr von Zucker. Schlechte Zellen und Krebszellen lieben Zucker, da sie diesen dafür benötigen um weiter zu wuchern und den Krebs wachsen lassen. Auch ein saurer Körper und schlechter Darm, mit schlechten Darmbakterien verursachen Krebs und andere Krankheiten. (95 % der Menschen haben schlechte Darmbakterien durch fehlerhafte, industriell hergestellte, minderwertige Nahrung). Der Tod kommt aus dem Darm, da über die Darmwand ca. 80 % der Mineralien und Vitamine als Nährstoff in Form von Energie dem Köper zugeleitet wird. Jeder Mensch besitzt Bakterien und Parasiten. Alles kommuniziert miteinander. Wer zu wenig Wasser ohne Kohlensäure trinkt (4 Liter am energetisiertes Wasser am Tag ist optimal) erkrankt, da nicht nur unser unsere Gehirnzellen Wasser benötigt, damit die Zellen nicht verkümmern, da ja wie bekannt ist, Wasser selbst kommuniziert, indem es mit seinem 4 Fest-Flüssigem Aggregatzustand ein hexagonales Molekülmuster darstellt und die Informationen im Wasser durch Drehung der hexagonalen Moleküle weitergibt. Wenn man in den Bodensee eine Tasse mit Zucker schüttet, sind die Informationen des Zuckers im gesamten Bodensee Wasser nachweisbar. Strom und Trinkwasser müssen für alle Menschen auf der Welt frei zugänglich sein! Das sind Grundrechte eines jeden Menschen und müssen respektiert werden. Es darf nicht sein, das eine Firma wie Nestle-Deutschland einfach hergeht und über korrupte Politiker in afrikanischen Ländern Grundwasser-Brunnenrechte ab 500 EUR pro Brunnen kauft und das Gelände dann grossräumig gegen Einbruch absperrt und der örtlichen Bevölkerung seine Wasserrechte klaut. Gerade die armen

Länder werden von der Grossindustrie ausgebeutet, deren Grundrechte auf Wasser mit Füssen getreten und dann noch frecherweise der armen, einheimischen Bevölkerung ihr eigens Wasser in umweltschädlichen und giftigen Wasserflaschen zum Kauf anbietet. Nestle und andere Nahrungsmittelkonzerne verfolgen diese Geschäftspolitik seit geraumer Zeit und fahren alleine nur mit dem Verkauf von Wasser Milliardengewinne ein. Diese Gewinne werden dann grosszügig an die sogenannten Manager der Unternehmen verteilt, fällt ein Manager eine von vielen Fehlentscheidungen, wird er einfach mit dicken Abfindungen belohnt und verlässt das Unternehmen. Zugleich gewährten die leitenden Mitglieder des Mannesmann Aufsichtsrates – so auch Josef Ackermann – Abfindungen und Übernahme-Tantiemen von mehr als 100 Millionen Euro. Allein Mannesmann-Chef Esser soll rund 30 Millionen Euro erhalten haben, 15 Millionen davon als Auszahlung seines bestehenden Vertrages. Die Sonderzahlungen sollen vom damaligen Mannesmann-Großaktionär Hutchison-Whampoa vorgeschlagen worden sein. Wenn es Arbeit für alle gebe, was möglich ist, dann bräuchten wir auch kein überflüssiges Arbeitsamt, beim dem man sowieso nur behandelt wird wie der letzte Dreck. Das ist menschenunwürdig, die Angestellten des Arbeitsamtes haben mich respektlos, arrogant und frech behandelt, dazu kommt dass mir keiner einen Arbeitsplatz verschaffen konnte, da ich mit 56 Jahren zu alt für den Arbeitsmarkt in Deutschland bin und die Angestellten des Arbeitsamtes keinerlei ernsthafte Bemühungen gezeigt haben mir einen Job zu vermitteln. Ich habe mich daraufhin selbst bei verschiedenen Firmen beworben, leider ohne Erfolg, da meine fachlichen Qualifikationen nicht ausreichend waren. Ein weitere Angestellter des Arbeitsamtes hat mir auch nicht zugehört, er war oft draußen rauchen, da wie er mir sagte, er ja als Beamter auf Lebenszeit keine Kündigung seiner Stelle zu erwarten hat und er zudem eine Beamtenrente bekommt, wobei er ja gar nicht in eine Rentenkasse einbezahlt. Warum bekommt er dann überhaupt Rente? Mit welcher Berechtigung? Eine Rentenreform ist dringen notwendig. Warum bekommt unser Altkanzler Gerhard Schröder jährlich mehr als eine halbe Millionen EUR von unserer Regierung?

Die Zeitung nennt Schröder einen "Rentner auf Abwegen".

"So weit ist es gekommen: Ein deutscher Rentner muss sich in Russland etwas dazuverdienen, um über die Runden zu kommen. So könnte man Gerhard Schröders Engagement beim russischen Staatskonzern Rosneft betrachten, folgte man der Logik des Ex-Kanzlers: Ich bin hier nur Privatperson, was ich tue, geht keinen was an." Doch die "SZ" sieht das anders: "Dass Schröder kein gewöhnlicher Rentner ist, kann man auch daran ablesen, dass der deutsche Staat ihm jährlich mehr als eine halbe Million Euro für sein Büro in Berlin überweist."

Die "Frankfurter Allgemeine Zeitung" wird gar noch schärfer:

"Mit der Wahl zum Aufsichtsratsvorsitzenden des russischen Energiekonzerns Rosneft zieht Gerhard Schröder das Amt des Bundeskanzlers vollends in den Schmutz. Denn nicht als 'Botschafter' deutsch-russischer Beziehungen, auch nicht als Privatmann, sondern einzig als ehemaliger Bundeskanzler (...) muss er sich rechtfertigen."

Weiter wütet die "FAZ": "Aber das ist ihm egal, weil es seiner machohaften Feierlaune entgegenkommt - und natürlich: seinem Geldbeutel. Noch nie ist ein Bundeskanzler so tief gesunken."

Bestürzung in der Politik

Die neue Tätigkeit von Schröder sorgt auch in der SPD für Unmut. Dies stoße "in der SPD nicht auf große Freude", sagte Vizeparteichef Ralf Stegner der "Passauer Neuen Presse". Es sei "schwer erträglich, wenn er das noch garniert mit Ratschlägen von der Seitenlinie an die SPD. Die Zeiten solchen Stils sind vorbei." Gemeint ist damit Schröders Kritik an der Wahlkampfführung der Genossen. Kritik kam auch von Bayerns Finanzminister Markus Söder (CSU). "Das gibt kein gutes Bild für Deutschland ab", sagte Söder der "Passauer Neuen Presse"."Ob ein Alt-Kanzler noch wirtschaftlich tätig sein muss, obwohl er ein hohes Ruhegehalt bekommt, kann man schon diskutieren", sagte der CSU-Politiker. "Dass er das aber ausgerechnet bei einem solchen Konzern macht, der noch dazu in einem zweifelhaften Ruf steht, überrascht und tut nicht nur der SPD weh." Inakzeptables Verhalten. Zuvor hatte auch der CDU-Politiker Michael Grosse-Brömer Schröder vorgehalten, seine staatspolitische Verantwortung "auf dem Altar eigener finanzieller Interessen" zu opfern. Es sei inakzeptabel, dass Schröder in den Aufsichtsrat eines russischen Energie-Konzerns geht, gegen den die EU mehrfach einstimmig Sanktionen verhängt hatte, sagte der Erste Parlamentarische Geschäftsführer der CDU/CSU-Fraktion im Bundestag der "Frankfurter Allgemeinen Zeitung"."Mit seiner eigennützigen Entscheidung stellt sich Schröder gerade im Hinblick auf die Ukraine-Krise gegen die Sicherheitspolitik aller 28 EU-Länder." Grünen-Politiker Özdemir kritisiert "Kuschelkurs gegenüber Putin. Auch der Grünen-Vorsitzende Cem Özdemir zweifelt an Schröders Loyalitäten: "Ich erwarte von einem Alt-Kanzler, dass er durch sein Verhalten nicht die Politik der aktuellen Bundesregierung und EU konterkariert", sagte Özdemir der "FAZ". "Ein Kuschelkurs gegenüber Putin und seinem engsten Umfeld wird die Gewalt in der Ostukraine sicherlich nicht beenden. Im Gegenteil, Schröder erweckt damit den Eindruck, dass für uns Europäer am Ende wirtschaftliche Interessen mehr zählen könnten als das Völkerrecht." Wir müssen zunächst in unserem eigenen Land anfangen endlich ganzheitlich denkend zu handeln. Politische Reformen nachfolgender Gebiete sind notwendig, damit politische, wirtschaftliche und klimaschädliche Verbesserungen eintreten. Nach und während der Umstrukturierung können Gespräche mit allen Politikern auf der ganzen Welt geführt werden, sodass eine weltweit einheitliche parallele Umstrukturierung durchgeführt werden kann, sodass weltweit gemeinsam an einen Strang gezogen wird.

Erforderliche Reformen in Deutschland und der Welt:

- Bankensystem (Einführung von Kryptowährungen und Pleitebanken wie Deutsche Bank und Commerzbank nicht mehr finanziell unterstützen)

- Rentensystem (Rente für alle ab 60 Jahre bei gleicher Zahlung wie verdientes Arbeitsgehalt)

- Steuersystem (Wesentliche Vereinfachungen notwendig, diese habe ich auf einen Bierdeckel notiert, Abschaffung Solidaritätszuschlag, Senkung der Steuern für arme, Erhöhung der Steuern für Reiche)

- Arbeitssystem (Verkürzung der Arbeitszeiten bei vollem Lohnausgleich, alle Gehälter um 30-50 % anheben)

- Gesundheitssystem (Krankenhaus, Heilpraktiker und Naturheilmedizin, Arztbehandlungen, Einführung Bürgerversicherung, Begrenzung der Krankenhaus Operationen)

- Energieversorgung (Umstellung auf CO_2 freie Energieversorgung und Förderung autarker Energieversorgung ohne Stromnetzmonopol, Wasserqualität verbessern mit z.B. Doppelumkehrosmoseanlagen in Häusern)

- Fahrzeugindustrie (Einführung von umweltfreundlichen Wasserstoffautos)

- Nahrungsmittelindustrie (Einführung naturbelassener, Vitaminreicher für alle bezahlbarer Nahrung für alle)

- Chemieindustrie (Umstellung auf weitestgehend chemiefreie Produkte)

- Arzneimittelindustrie (Komplette Umstellung auf naturbelassene Medikamente)

- Altersvorsorge und Betreuung (Mehr Personal, naturbelassene Ernährung und natürlich hergestellte Medikamente)

- Strassenbau (endlich alle Strassen und Brücken in ganz
  Deutschland sanieren und nicht nur in der Ex DDR)

- Schul- und Ausbildungssystem (Reformation der Schulen und
  Universitäten, Abschaffung NC)

- Waffenindustrie (Einführung von Laserwaffen und Abschaffung der alten Kugeltechnologie)

- Flugzeugindustrie (Einführung von leichten Karbonschaufeln-
  und Brennräume für Triebwerke)

- Politik (weltweit miteinander mit allen Staatschefs sprechen,
  abstimmen und durchführen)

- Klimaziele (Einführung einer CO2 Abgabe, Abschaffung der
  Temp. Erhöhungsziele)

- Natur (stoppen aller Waldrodungen und umweltfreundliche
  Müllentsorgung mit Plasmaanlagen)

- Kommunikation (Glasfaser für alle, Ausbau der Mobilfunknet-
  ze, einschl. Strahlenschutz)

- Informationstechnologie (Entwicklung moderner Cloudspeicher
  und Roboter)

- Umweltschutzgesetz (Schutz aller Wälder, Verbot von Abhol-
  zungen, Schutz aller Meeresbewohner, Überfischung stoppen
  und z.B. in Sierra Leone den Fisch importieren)

- Strahlenschutzgesetz (Warnungen und Schutzmaßnahmen an
  alle Bürger vor den sehr gefährlichen magnetischen Strahlun-
  gen von Handys, Drahtlostelefonen, Strommasten, WLAN
  Routern, Mikrowellengeräte, etc. und Aufklärung zum Gesund-
  heitsschutz der beabsichtigten Einführung der G 5 Mobilnetz-
  generation mit noch schnelleren und schädlicheren magnetischen Strahlen wobei schon ein Telefonat mit der alten, lang-
  samen G4 Technik mit dem Handy direkt am Ohr gehalten,
  nach bereits 5 Min. 187 Eiweisse in der Ohrregion zerstört und
  Menschen die in der Nähe von Strommasten leben, sterben
  früher an Krebs.)

- Versicherungswesen (Pflichtversicherung für private Haft-
  pflicht und Wohngebäudeversicherung einführen)

Kapitel 6

Umbau des Gesundheitsapparates zur ganzheitlichen Medizin.

Nachdem ich heute Abend von meiner Freundin nach Hause gefahren bin war ich mehr als froh angekommen zu sein, da ich den gesamten Tag Kopfschmerzen wegen des zuviel getrunkenen Alkohols über Sylvester hatte. Ich hatte mir während meiner 1 stündigen Autofahrt in die Hose gemacht. Gross. Seit meiner Ernährungsumstellung und Darmreinigung vor 8 Wochen, war es das erste mal, das ich Kopfschmerzen und wieder Rückenschmerzen hatte. Meine Rückenschmerzen, sowie mein starkes Humpeln beim Gehen waren weitestgehend ausgeheilt. Dank meines professionellen Heilpraktikers, hat mir dieser lediglich nur 1 Gymnastikübung gezeigt, welche ich täglich für 3 Minuten, abends im Bett angewandt habe, somit habe ich mein Humpeln und der damit verbundenen Beinverkürzung um 2 cm, sowie einen erheblichen Beckenschiefstand einfach selbst mit einem kleinen Handtuch behoben. Ein von mir kurz vor meinem Heilpraktikerbesuch aufgesuchter, schulmedizinischer Orthopäde konnte mir nicht helfen, er hat mir ein Rezept für eine 10 malige Physiotherapiebehandlung ausgestellt, welche ich dann auch aufgesucht habe. Die Physiotherapeutin einer anerkannten Grosspraxis hat mich 3 mal behandelt, ich habe die Behandlung von mir aus abgebrochen, da sie mich nur gestreichelt hat und ich keine Verbesserung gesehen habe. Zum streicheln lassen fahre ich zu meiner Freundin, sie kann das besser. Was übrigens Arztbesuche angeht, war ich geschätzt 75 mal in ärztlicher Behandlung, keiner hat mir geholfen, bis auf einem sogar schulmedizinischem Urologen, welcher mir Krauttabletten gab um meine Harnwegsentzündung zu heilen und tatsächlich habe ich bis heute keine Schmerzen mehr beim Wasserlassen und muss auch nicht mehr so oft pinkeln. Ich war in meinem Leben auch bei 2 unterschiedlichen Heilpraktikern, der eine in Frankfurt könnte mir sehr gut helfen, da ich mich oft während meiner Zeit bei der Firma RWE sehr schlecht, Müde, Antriebslos und krank gefühlt habe. Ich habe zu dieser Zeit noch dummerweise geraucht, Alkohol getrunken und mich schlecht ernährt, der Arbeitsstress bei meinem ehemaligen Arbeitgeber tat das restliche dazu und das Fass war voll und ist übergelaufen. Dank dieses grossartigen Heilpraktikers hat er mich lediglich ausschliesslich mit Sauerstoffinfusionen über mein Blut behandelt und mir Zink aufgeschrieben. Nach 10 Anwendungen war ich wieder fit. Durch meine starke angeborene Fehlsichtigkeit meiner Augen, habe ich mich früher als Kind und Jugendlicher immer wegen meiner dicken Hornbrille geschämt und hatte Komplexe und konnte deswegen nie Frauen ansprechen. Ich habe mich dann später entschieden eine radiäre Keratotomie durchführen zu lassen. Dies ist ein Verfahren der refraktiven Hornhautchirurgie zur Korrektion von Ametropien. In der Hornhaut werden radiäre Schnitte in einer Tiefe von ca. 90% der Hornhautdicke mit einem Diamantmesser oder einem Excimerlaser gesetzt. Durch die Wundheilung kommt es zur Narbenbildung im Stroma der Hornhaut. Man hat auch auf russischen Schiffen am Fließband mit 8 Ärzten jeweils ein Schnitt gemacht, bis 8 Schnitte durchgeführt wurden und die Hornhaut entsprechend zusammengeklappt ist. Man hat dieses Phänomen bei einem Patienten mit Glasunfall am Auge zufällig entdeckt und bemerkt, dass der Patient auf einmal viel besser sehen kann. Leider habe ich starke Narbenbildung gehabt und nach kurzer Zeit hat mich meine gute Sehkraft wieder verlassen. Daraufhin habe ich mich entschieden den besten Professor in Deutschland für Augenlaserkorrekturen aufzusuchen. Diese hat die damalige Entwicklung der Augenlaserkorrektur ins Leben gerufen und mit den ersten Augenlaserkorrekturen bei Schweineaugen angefangen. Nach weiterer Entwicklung der Lasertechnik wurden sehr alte und sterbenskranke Menschen am Auge korrigiert, danach kam ich gleich dran. Ich habe beide Augen korrigieren lassen, beginnend mit einem Auge welches nach der Operation grossflächig verbunden wurde, da der Heilungsprozess ca. 14 Tage dauerte. Am nächsten Tag hatte ich das andere Auge korrigieren lassen, hatte aber eine sehr schmerzhafte und unruhige Nacht, das angenehmste war das Abendessen in

einem Restaurant. Ein kleiner Zwischenfall störte die Harmonie
von mir und meiner Leidensgenossen, da wir mit ca. 15 Leuten
im Restaurant saßen, der eine hatte links einen Augenverband,
der andere rechts. Nach Bestellung des Essens, kamen plötzlich
eine Vielzahl gewaltbereiter Hooligans ins Restaurant und haben
sich neben uns gesetzt. Einer von denen hat uns aggressiv aufgefordert das wir alle sofort die Augenbinden abnehmen sollen.
Er sagte „ wollt Ihr uns verarschen? Ihr seit doch verkleidet".
Nachdem wir im ruhigen Ton denen versucht haben zu erklären,
das wir gerade eine grössere Augenoperation hatten, wollten die
Hooligans uns alle verprügeln. Nach einem weiteren Streitge-
spräch mit den Hooligans und ersten Handgreiflichkeiten, konnten wir schließlich unter grössten Anstrengungen unversehrt das
Restaurant verlassen. Da ich ja privat versichert bin, sind mir
keinerlei Kosten entstanden, die anderen Kassenpatienten
mussten 5000 EUR pro Auge aus der eigenen Tasche bezahlen.
Das habe ich damals schon nicht verstanden, da privatversicher-
te Menschen doch die gleichen, ärztlichen Leistungen in An-
spruch nehmen wie Kassenpatienten. Bei Privatpatienten rechnen die Ärzte bis zum 4 fachen der Rechnung eines Kassenpatienten ab, kein Wunder das Privatpatienten im gerne bei den Ärzten gesehen sind. Bei Terminvergabe für eine schulmedizinische
Arztuntersuchung wird man ja als Kassenpatient oft abgewiesen,
da die Ärzte viel weniger verdienen als bei Privatpatienten. Wenn
man als Kassenpatient beim Arzt anruft kann ein Untersuchungs-
termin bis zu 6 Monaten dauern, sagt man plötzlich das man
doch Privatpatient ist, werden Untersuchungstermine meist in-
nerhalb von 10 Tagen vergeben und aufeinmal haben die Ärzte
doch Zeit. Viele Ärzte erreicht man oft telefonisch gar nicht mehr,
es läuft 24 Stunden ein Anrufbeantworter auf dem man nicht
sprechen kann, da viele Arztpraxen überfüllt sind. Kassenpatienten werden von vielen Ärzten als Menschen zweiter Wahl angesehen. Warum ist ein Kassenpatient weniger Wert als ein Privatpatient? Eine Bürgerversicherung würde Ungerechtigkeiten und
überhöhte Falschabrechnungen eindämmen und alle Menschen
gleich behandeln. Letztens habe ich eine Rechnung von einer

angeblich durchgeführten Untersuchung an die Klinik zurückge-
sandt, da definitiv keine Behandlung bei mir durchgeführt wurde
und die Klinik abrechnen wollte. Die Krankenkassen zahlen ja
sofort alles ungeprüft an Rechnungen die von Kliniken und Ärzten kommen. Warum dürfen Kassenpatienten nicht die Rechnung Ihres Arztes bekommen und prüfen? Gibt es was zu ver-
bergen oder zu hoch oder falsch abzurechnen? Warum werden
wir nicht richtig von Ärzten aufgeklärt und über unsere körperlichen und seelischen Probleme informiert? Ich kenne wenig
Menschen die verstehen was ein Arzt ausdrücken will, of sind es
römische Dörfer da ja nicht jeder schulmedizinisch ausgebildet
ist. Warum behandeln Ärzte nicht die Ursache einer Erkrankung,
stattdessen werden fälschlicher- und grob fahrlässiger Weise
Krankheitssymptome mit of hochgiftigen, überteuerten Pharmapillen bekämpft, welche nur den Schmerz betäuben. Hat man
Kopfschmerzen, verschreibt der Onkel Doktor eine Kopf-
schmerztablette, hat man Bauchschmerzen verschreibt der Onkel Doktor eine Bauchschmerztablette. An die auslösenden Ur-
sachen der Krankheiten heranzugehen fällt vielen Schulmedizinern nicht ein, da sie es nie in an der Uni gelernt haben. Wenn
ein menschlicher Körper sich bemerkbar macht und man hat
Schmerzen, dann ist es bereits zu spät und die Krankheit ist
ausgebrochen. Die Traditionelle Chinesische Medizin (TCM)
beinhaltet die Therapieformen der Akupunktur, Kräuterheilkunde,
chinesischen Diäthetik, Qigong, Tai-Chi und Tuina. Auch wird bei
einem TCM-Arztbesuch vor der eigentlichen Untersuchung die
Zunge rausgestreckt, daran erkennt der Arzt sofort ob der Körper
krank ist. Auch gute Heilpraktiker untersuchen komplett anders
als Schulmediziner. Sie denken, handeln und betrachten den
Körper ganzheitlich. Sie betreiben Ursachenforschung und vorbeugende Instandhaltung des Körpers wie in der TCM. Warum
gehen Japaner und Chinesen wesentlich weniger zum Arzt? In
früheren Zeiten gab es gar keine Ärzte. Heilpraktiker beginnen
mit einer Untersuchung des Blutes, einer Untersuchung auf Nah-
rungsmittelunverträglichkeiten (über 400 Nahrungsmittel werden
auf Allergien des Patienten untersucht) und einer Darmsanierung

unter oraler Einnahme lebender, guter Bakterien. Aufgrund das
die meisten Menschen sich ungesund und fehlerhaft ernähren
und zuviel Alkohol, Drogen und Tabakrauch konsumieren, weisen 100 % der Menschen schlechte Bakterien und Parasiten im
Körper und Darm auf. Da die halb Fussballfeld grosse und sehr
dünne Darmwand ca. 80 % der menschlichen Energie bereit-
stellt, muss der Darm Leinwandfrei funktionieren, da ansonsten
die dringend notwendigen Vitamine und Mineralien nicht vom
Körper richtig verwertet werden können. Kein Wunder das soviel
Menschen mit einem künstlichen Darmausgang leben müssen,
nachdem sie bereits einen Großteil ihres Darmes rausoperiert
bekommen haben. Die Lebenserwartung nach einer Darm OP ist
sehr kurz, es sei denn man stellt auch sein Ernährungsverhalten
um. Auch hätte der Apple Gründer und Visionär Steve Jobs länger leben können, wenn er sich rechtzeitig besser ernährt und
auf seinen Körper gehört hätte. Unser Körper sagt uns genau
was wir benötigen bevor Krankheiten ausbrechen. Selbst bei einfachen Kopf-, Magenschmerzen oder Asthma sollte man sofort
gegensteuern und seinen Körper sofort mit den auch fehlenden
Vitaminen und Mineralien versorgen. Eine regelmäßige Darmsanierung mit lebenden Bakterien zum einnehmen, sowie ist eine
sofortige Ernährungsumstellung auf naturbelassenes am besten
rohes Obst, Gemüse, Körner, frischer Ingwer und Kurkuma notwendig. Es ist darauf zu achten dass Lebensmittel unbedingt
Pestizinfrei, Glutunfrei und beim echten Bioladen eingekauft
werden. Leider hat der Lebensmittelriese Rewe einen Teil seiner
Tochtergesellschaften, Namens Temma aus finanzieller Geld-
sucht und Missmanagement geschlossen. Als ich noch in Frankfurt gewohnt habe, hat mich meine Ex Freundin täglich mit 100%
biologischen Lebensmitteln versorgt, diese Temma Bio Lebensmittel sind staatlich anerkannt Demeter geprüft, das einzig echte
und wahre und streng kontrollierte Lebensmittelkontrollsiegel.
Andere Bio-Lebensmittelkontrollsiegel wie bei Firmen wie Aldi,
Lidl, Penny, etc. wie auf den unnötigen, giftigen Plastikverpackungen zu ersehen, sind nicht wie bei Demeter geprüft und erfüllen nicht diese strengen Biogrenzwerte. Oft werden Gütesiegel

---

mit Hilfe von Zertifizierungsunternehmen welche von den Auf-
traggebern bezahlt werden zum Zwecke der Verbrauchertäu-
schung auf die Verpackung gedruckt. Wer verpackte, grossin-
dustriell, nicht biologisch hergestellte Lebensmittel mit versteck-
ten oder unterlassenen Angaben der Inhaltsstoffe verzehrt, wird
krank. In fast allen Lebensmitteln verstecken die Hersteller Zucker, obwohl es schon lange Alterndiven wie Stevia oder Birkenzucker, er ist ähnlich süß wie Haushaltszucker und schmeckt
auch fast genauso. Man kann Zucker in Rezepten also von der
Menge 1:1 durch Birkenzucker (Xylit) ersetzen. Dabei enthält
Xylit 40 Prozent weniger Kalorien als normaler Haushaltszucker.
Auch kann man Backpulver, Waschmittel, Zahnpasta, Seife,
Duschgel, etc. mit Natronpulver ersetzen, ein KG Natron kostet
nur ca. 3 EUR und hält Monate, zudem auch nicht gesundheits-
gefährdend wie normale Zahnpasta, da diese das gesundheitsschädliche Titandioxid und andere Schadstoffe enthält. Ähnlich
verhält es sich mit normalem Duschgel Cremes oder Haar
Shampoo welches von der Haut aufgenommen wird und die
krebserzeugenden chemischen Stoffe Krankheiten auslösen.
Dies sind lediglich nur einige, wenige Beispiele, alle industrie-
verpackten, gesundheitsschädlichen Produkte hier aufzuzählen,
würde den Rahmen sprengen. Unsere konventionelle, Billignahrung macht uns krank. Davon profitieren wiederum die Ärzte,
Krankenhäuser, Altenheime und vor allem die Lebensmittelindustrie und Pharmaindustrie mit Ihren unnötigen, teuren und hochgiftigen Medikamentengemisch mit Tod als Nebenwirkungen bei
vielen Psychopharmaka. Die meisten Menschen können auf Ärzte, Operationen und Altenheimabschiebungen verzichten, wenn
Sie sich naturbelassen, ohne Chemikalien wie Pestizide mit ein-
heimischer Kost ernähren, täglich 3-4 Liter energetisiertes kohlensäurefreies Haus-Leitungswasser trinken, täglich min. 45 min.
an die frische Luft gehen (Sauerstoff für die Zellen tanken und
Sonnen Vitamin D3 über die Haut aufnehmen), jeglichen unge-
sunden Stress vermeiden, min. 45 min täglich sportlich aktiv sind
und vorabem regelmäßig von einem Heilpraktiker oder Arzt
sämtliche Blutwerte, Vitaminwerte und Mineralienwerte überprü-

fen lassen und sofort bei Bedarf, z.B. Jod, Natron, Magnesium, Vitamin D3, Vitamin Q 10, MSM, K2, Multi Vitamin, Omega 3, Aminokomplex, B 12 und / oder OPC nach Anweisung des Behandlers einnehmen. OPC beispielsweise besteht aus Traubenkernextrakten, verdünnt das Blut auf natürliche Art und Weise, sodass z.B. das Medikament ASS (chemisch hergestellte Blutverdünner, z.B. Aspirin von der Firma Bayer welches die Blutplättchen im Körperblut zerstört und schädigt) nicht mehr eingenommen werden müssen. Zudem zerstört OPC kranke und krebsbefallene Körperzellen, erkennt, rettet kranke und erkennt gesunde Zellen, heilt Krebs und reduziert Tumore um mindestens 50 %. Zusätzlich wird mit einer anerkannten biometrischen Untersuchung mit Messung der Hand über Schallwellen der Gehalt an Schwermetallen im Körper gemessen. Alle Menschen tragen mehr oder weniger Schwermetalle in Ihrem Körper. Diese werden duch Haut, Nahrung und Luft aufgenommen, durch unsere extrem schwermetallbelastete Luft durch Straßenverkehr, Kohlekraftwerke, Gas und Ölkraftwerke, pestizidhaltige Billignahrung aus dem Supermarkt, Rauchen, etc. nehmen wie viel Quecksilber, Asen und Blei auf. Wenn die Grenzwerte für Schwermetall im Körper, vor allem in den Gehirnzellen überschritten sind, werden wir krank. Bei wesentlicher Überschreitung der Schwermetallgrenzwerte in unserem Körper zeigen sich zusätzlich Symptome wie Angst, Schwindel, ständige Müdigkeit, Denkprobleme, Verwirrung, Wahrnehmungsstörungen, Sprachstörungen, Vergesslichkeit, sowie massive psychische Probleme. Ursache dieser Erkrankungen ist auch eine fehlerhafte Kommunikation der Gehirnzellen und Gehirnstrombahnen bis hin zu den Synapsen durch Schwermetallanlagerungen in den Zellen. Auch zu wenig trinken lässt die Gehirnzellen austrocknen. Jedoch sollte es Kranwasser sein, auf keinen Fall Milch trinken, diese verschleimt der Körper und fördert Entzündungen, das gilt auch für alle Weizenprodukte und Fertiggerichte. Leider untersuchen Schulmediziner wie z.B. Psychiater nicht in diese Richtung und verschreiben grob fahrlässigerweise und den Tod der Patienten in Kauf nehmend chemisch hergestellte Pharmapillen. Es gibt keine psychischen Erkrankungen wie Alzheimer, Parkinson, Demenz, Bipolare Störung und wie sie alle heissen. Die Untersuchungen beim Psychiater sehen in der Regel so aus, dass man ein kurzes Gespräch hat und der Patient gefragt wird wie spät es ist, welches Datum wir haben, was wir beruflich machen und ob wir Stress oder Probleme mit der Frau haben, nach kürzester Zeit verschiebt der Arzt sofort Psychopharmaka Medikament der Pharmaindustrie. Oft werden auch sofort mehrere kostenlosen Probemedikament überreicht, da ja Ärzte kostenlos von der Pharmaindustrie Medikament bekommen, damit diese dann zum anfüttern und zur Abhängigkeit führen sollen, damit die Kassen der Ärzte und der Pharmaindustrie weiter kräftig gefüllt werden und mit Milliardengewinne ständig neue Pharmafirmen der Konkurrenz aufgekauft werden, sowie die Lobbyisten der Pharmaindustrie bezahlt werden, damit diese mit ihrem von der Industrie bezahlten Schmiergeldern sogenannte offizielle Studien schreiben, diese bei der Bundesregierung einreichen und Medikamente von Regierungsseite genehmigen lassen und die Politik und politische Entscheidungen wiedermal kaufen. Sowie Politiker in Aufsichtsräten der Pharma-, Auto-, Lebensmittel und Chemieindustrie sitzen, nehmen diese Lobbyisten erheblichen Einfluss auf die politischen Entscheidungen und Festsetzungen der Schadstoffgrenzwerte in Deutschland. Die korrupten und von der Industrie bezahlten Politiker in Bonn und Brüssel regieren unser Land. Warum werden die PKW Hersteller nicht gesetzlich gezwungen, Ihre alten, betrügerischen Dieselautos zum aktuellen Markwert zurück zu kaufen? Die PKW Hersteller fahren Milliardengewinne ein. Oder besser noch: alle alten Diesel Autos sollten übergangsweise nach Afrika als Entwicklungshilfe von den PKW Herstellern der von ihnen zurückgekauften Autos dorthin verschenkt werden. Das gleiche kann mit allen nicht mehr benötigen Kraftwerksanlagen in der Türkei und Deutschland geschehen, wir reden hier über mehrere hunderte Anlagen und mehrere tausende MW in der Größe von einigen Atomkraftwerken, auch das wäre eine wahre Entwicklungshilfe für Afrika und andere arme Länder wie Somalia, Yemen, Syrien, etc. Auch werden Me-

dikamente in diesen Ländern dringend benötigt, diese könnten
übergangsweise als Entwicklungshilfe geliefert werden, jedoch
sollten es in Europa hergestellte Medikament sein, da ja die
meisten chemisch hergestellten Medikamente aus China und
anderen Ländern kommen, oftmals lösen die Medikamente zu-
sätzliche Krankheiten aus, da die Herstellungsprozesse oft nicht
richtig kontrolliert werden und Verunreinigungen in den Medikamenten auftreten. Die von der Pharmaindustrie billig eingekauf-
ten Medikamente aus China werden in Deutschland zu einem oft
tausendfach überhöhten Preis verkauft und durch Lobbyisten
und deren Einfluss auf die Politik und Ärzte marktgerecht ange-
priesen. Warum kostet einmal eine Packung Aspirin in der Türkei
nur ein Drittel was sie hier in Deutschland kostet? Die Preise für
Medikamente werden willkürlich festgelegt, je nachdem wie sehr
die Pharmaindustrie die Menschen verarschen kann. Aus meiner
eigenen Erfahrung weiss ich wie Psychopharmaka wirken. Durch
Ausschalten der Botenstoffe im Gehirn werden die Hirnfunktio-
nen bewusst unterdrückt. Ein normales Denken ist mit diesen
Medikamenten nicht mehr möglich. Dazu kommen die drasti-
schen Nebenwirkungen, wenn nicht am plötzlichen Herztod
stirbt, ist man nicht in der Lage an einem normalen Leben teilzu-
nehmen. Ich selber hatte Psychopharmaka zunächst in Frankfurt
bekommen, aufgrund meiner Überweisung vom Hausarzt. Der
Grund warum ich beim Hausarzt war, lag in einer schlechten
Durchblutung des Innenohres. Ich musste ständig einen Druckausgleich über die Nase durchführen, vergleichbar wie beim
Tauchen. Der Arzt hat mich untersucht und eine zweite Kollegin
dazu geholt, beide waren der Meinung ich müßte sofort in die
Klapse. Ich hatte noch mehrmals versucht den Ärzten zu erklären, das ich nur Probleme mit dem Druckausgleich aufgrund
schlechter Durchblutung im Innenohrkanal hatte, leider erfolglos.
Ich hatte sogar eine detaillierte Zeichnung meines Problems auf-
gezeigt. (Zeichnung siehe weiter unten). Meine damalige
Freundin hat mich dann im Notarztwagen in die Klapse begleitet.
Dort angekommen musste ich 1 Std. warten und konnte mich mit
anderen Patienten unterhalten, nach meiner Meinung war keiner

von denen verrückt. Ohne Untersuchung einer Ärztin sollte ich dann sofort in diese Klapse eingewiesen werden, da ich ohne Einahme von Psychopharmaka nicht die Klapse verlassen durfte. Dank meiner geistesgegenwärtigen damaligen Freundin, konnte diese mit viel Überredungskunst ein Rezept für Psychopharmaka Medikamente auftreiben, sodass wir nach Vorzeigen des Rezeptes die Klapse noch im letzen Moment ohne Zwangseinweisung verlassen. Nach Einahme der Medikamente ging es mir von Tag zu Tag schlechter, die Nebenwirkungen waren so stark, das ich nachts nicht schlafen konnte und oft unter Verwirrungen und Wahnvorstellungen litt. Mein behandelnder Psychiater hat mich mit Psychopharmaka Medikamente vollgepumpt, sodass ich meiner geregelten Arbeit wegen der vielen Nebenwirkungen nicht mehr nachkommen konnte. Meine damalige Freundin hat mich letztendlich aufgefordert aus unserer gemeinsamen, aber von Ihr angemieteten Wohnung auszuziehen, dazu kam dass mein ehemaliger Geschäftspartner mich seit über 2 Jahren permanent und täglich unter größten narzisstischen Druck gesetzt hat und das Geschäft mit der veralteten Kraftwerkstechnik mit Kohle, Öl und Gasverbrennung als Brennstoff nicht mehr zeitgemäß war und die Firma in roten Zahlen stand. Auch meine geliebte Neffen mußte einmal ein Skype Telefonat von meinem mich anschreienden Ex Partner für 5 Minuten mit anhören, da auf Lautsprecher geschaltet war und hatte in derselben Nacht starke Alpträume und hörte die ganze Nacht die schreiende Stimme meines Ex Partners. Meine Neffin klagt seit diesem Vorfall über psychische Probleme. Nachdem mich meine geliebte Schwester in Köln aufgenommen hatte, habe ich mich zunächst freiwillig in psychiatrischer Behandlung in eine Kölner Grossklinik begeben, damit ich mich medikamentös neu einstellen lassen wollte. Nach 3 Wochen Aufenthalt in der Klapse wurde ich als gesund erholt entlassen, nachdem man mir täglich mehrere Psychopharmaka und Neuroleptika gegeben hat. Auch wurde ich beschäftigt und musste malen und turnen. Singen musste ich nicht. Das Essen war wie üblich in öffentlichen Einrichtungen extrem minderwertig, schlecht und industriell hergestellt. Nach einem 5 minütigen Gespräch zwischen mir und dem verantwortlichen Psychiater, hat dieser festgestellt, dass ich eine Bipolare Störung hätte und Schizophren sei. Ich frage mich bis heute, wie er das festgestellt hat. Mein Freund Jan war ebenfalls mit mir die gesamten 3 Wochen zusammen, wir sind gute Freunde geworden, daher hat er mir anvertraut, das er seit den gesamten 3 Wochen seine vielen täglich einzunehmenden Pharmapillen nicht genommen hat, er hat die ganze immer wieder die Einnahme vorgetäuscht, indem er die Pillen in die Hand nahm und so getan hat als würde er sie in den Mund stecken. Nach 3 Wochen war Jan der erste der in einem top gesunden Geisteszustand zur Aufnahme einer Arbeit nach Australien geflogen ist. Er hatte keinerlei Beschwerden und natürlich keinerlei Nebenwirkungen da er sich ja nicht von der Klapse hat vergewaltigen lassen. Nach 3 Wochen habe ich dann wieder mein Leben als Harzer bei meiner Schwester im Haus aufgenommen, Pillen musste ich weiterhin nehmen, da mich alle gewarnt hatten, das ich doch ohne Medikamente nicht klar käme und Probleme hätte. Mein Zeitpunkt zum Umdenken war gekommen, aufgrund der ständigen Einahme dieser Medikamente, hat mein vorher guter körperlicher Zustand mich verlassen, ich bin so schwach und krank geworden, das ein normales Denken nicht mehr möglich war, mein Körper zitterte, ich war verwirrt, habe 15 kg in kurzer Zeit zugenommen und konnte vor Schwäche nicht mehr gehen. Ich konnte nicht mehr richtig sprechen und musste sofort nach Einnahme der Medikamente mindestens 14 Stunden schlafen, meine schlechte industriell hergestellte Ernährung zu wenig frische Luft, Rauchen und zu wenig Wasser haben mir den Rest gegeben. Ich war fertig. Meine mich anschließend betreuende Klinik Psychiaterin hat mich dann in 3 monatigen Abständen zur Untersuchung gebeten. Nach einem 5 Minutengespräch hat sie mir gesagt, ich soll meine Medikamente so dosiert weiter nehmen. Das habe ich dann auch so gemacht. Nach einem zweiten Termin habe ich wiederum meine Leiden der Nebenwirkungen beklagt, eine Reduzierung der Medikamente oder Absetzen der wurde abgeraten, wegen der hohen Rückfallwahrscheinlichkeit bei mir, das Risiko sei zu gross. Die jeweiligen 5 minütigen sogenannten Arztuntersuchungen von der Ärztin liefen bei mir wie folgt ab: Begrüssung und wie geht es Ihnen? Danke es geht mir gut. Nehmen Sie auch regelmäßig Ihre Medikamente? Ich bin kein Schulmediziner, ich bin nur einarbeitsloser Harz 4 Empfänger mit dem Luxus, dass ich mir ein 25 Jahre altes Auto für 800 EUR kaufen konnte, aber ich weis als Laie das ich wie folgt untersuchen würde: Begrüssung, Guten Tag, wie geht es Ihnen? Danke gut oder schlecht. Zeigen Sie mir Bitte Ihre Hände und Zunge. (an Händen erkennt jedermann das Zittern durch Nebenwirkungen von Medikamenteneinnahme, an der Zuge erkennt man viele Krankheiten durch das auffällige Aussehen). Danach klopfe ich das Knie mit einem Hammer ab, um die Reaktionen zu sehen und schaue dem Patienten in die Augen um Krankheiten zu erkennen. Ich frage dann: Essen Sie gesund und Biologisch? (als Harzer geht das nicht, da das Geld nicht reicht!), wieviel Wasser trinken Sie täglich und welches? Ich nehme Blut ab, lasse es untersuchen und bespreche die Ergebnisse der Blutwerte in einer normal verstendlichen Sprache mit dem Patienten. Ich schaue mir bei Gabe von Lithium den Lithiumspiegel an und bespreche die Werte mit dem Patienten (Bei Überdosierung kann Lithium tödlich für den Menschen wirken), letztendlich versuche ich den Patienten von seinen Drogen langsam, ausschleichend zu befreien, sodass er wieder am normalen Leben teilnehmen kann. Die Pharmaindustrie und Ärzte nehmen uns doofen Patienten als Versuchskaninchen, passt die eine Pille nicht, nehmen wir eben eine andere und eine dritte und eine vierte, usw., das hat mit Behandlung nichts zu tun, das ist grob fahrlässiges, Lebensgefährdendes, ja fast kriminelles Verhalten und füllt die Milliarden schweren Kassen der Pharmaindustrie und bezahl die überhöhten Arztgehälter. Mein Vater ist angeblich an Demenz erkrankt, meine Schwester als Betreuungsverfügte für meinen Vater, konnte gerade noch im letzten Moment verhindern, das mein Vater in seiner Aufbewahrungsstation mit chemischen ruhig stellenden Medikamenten vollgepumpt wurde. Sie hat die Gabe dieser Ruhigstellerpillen an meinen Vater Gott sei Dank nicht zugelassen.

Als ich letztens mit meiner Freundin bei unserer Nachbarin war,
sie ist auch Demenzkrank eingestuft und geht tagsüber in eine
Aufbewahrungsstation, hatten wir uns mehr als 1 Std. angeregt
und flüssig unterhalten. Sie erzählte uns auch mit Tränen in den
Augen, dass mein geliebter Schwager kurz vor seinem Medika-
mententod zu Ihr weinend gesagt hat: Ich will nicht sterben, ich
will nicht sterben. Ich habe beinahe angefangen zu heulen und
es fällt mir schwer diese Zeilen ohne Tränen zu schreiben. Mein
Schwager wurde 4 Jahre lang mit falschen Medikamenten vollgepumpt, ein Professor hat nach 4 Jahren angeblich Parkinson-
erkrankung festgestellt, nachdem er mit einem 1 stündigen Spaziergang im Garten seiner Klinik angeschaut hat wie mein
Schwager zu Fuss laufen kann und hat ihm ein paar Fragen gestellt. Diagnose nach 1 Std. Spaziergang im Garten: Parkinson.
Daraufhin wurden neue Hammer Medikamente verordnet, da
man ihn über 4 Jahre mit falschen Medikamenten behandelt hat,
nämlich auf Burn Out und Stress. Meine Schwester hat meinen
Schwager über viele Jahre im eigenem Haus Tag und Nacht bis
zu seinem qualvollem Tod gepflegt, sie hat seit vielen Jahren nur
2 -3 Std. in der Nacht und oft gar nicht schlafen können, bis heute. Meiner Mutter ging es ähnlich, sie wurde viele Jahre lang von
einem 80 jährigem Arzt falsch behandelt, er hat Ihr eine zu hohe
Dosis Tabletten gegen Zuckerkrankheit gegeben, nach einigen
Jahren der Fehlbehandlung haben die Nebenwirkungen der Tabletten die Niere meiner Mutter stark beschädigt und entzündet,
durch einen Krankenhausaufenthalt konnte die Niere gerade
noch gerettet werden, die Gebärmutter musste jedoch wegen
der Medikamenten Nebenwirkungen entfernt werden. Meine
Mutter hat sich bis heute nicht erholt davon und ist dadurch auch
als Demenzkranke, mit Pflegegrad 2, eingestuft und kann nicht
mehr richtig laufen und benötigt einen Gehhilfe. Meine Mutter hat
den alten Arzt darauf angesprochen und ihm sein eigenes aus-
gestelltes falsches Rezept gezeigt, als der Arzt sein eigens, falsches Rezept sah, hat er dieses sofort meiner Mutter panikartig
aus der Hand gerissen und vernichtet. Er weiss warum. Ich lag
vor kurzem mit meinem Vater im Krankenhaus für einige Tage

zusammen Bett an Bett, da ja jemand auf Patienten aufpassen muss wegen Pflegenotstand. Er wurde am ganzen Körper an Plattenepithelen operiert. Beim Plattenepithelkarzinom handelt es sich um einen malignen Tumor (Krebs), der von Haut oder Schleimhaut ausgeht, welche aus Plattenepithel besteht. Nach der Operation war mein Vater mit vielen Pfastern an den blutenden Wunden versehen. Als ich nachts aufwachte, sah ich meinen Vater blutüberströmt am ganzen Körper und im Gesicht, das Zimmer war voller Blut. Ich habe sofort die Schwesternklingel gedrückt und wusste das es lange dauern kann bis jemand kommt, da ja meist nur 1 Krankenpfleger oder Schwester nachts auf mehrere Dutzend Leute aufpassen muss. Deshalb habe ich selber meinen Vater notfallmäßig verbunden und kann seither Blut sehen. Nach ca. 25 Min. kam dann ein Helfer und wir haben gemeinsam meinen blutenden Vater versorgt. Am nächsten Tag wurde mein Vater irrtümlicherweise frühzeitig entlassen und wir konnten nach Hause gebracht werden. Zuvor habe ich noch einer Ärztin beim Verbinden der blutenden Wunden meines Vaters geholfen, da die arme Ärztin alleine auf der Station war und kein Pfleger oder Schwester Zeit hatte. Die Ärztin hat mir gezeigt wie man verbindet. Nach der Ankunft zuhause bei meiner Mutter, hat mein Vater wieder stark geblutet, er hätte so gar nicht transportiert werden dürfen. Da mittlerweile das gesamte T Shirt voller Blut war, musste ich handeln und habe ihn selber verbunden. Meine Mutter war am Rande eines Nervenzusammenbruches. Die Blutung war nicht zu stillen. Da Hausärzte ja Hausbesuche meiden und ich nicht schon wieder den Notarzt anrufen wollte, hat meine Muttier das Pflegeheim meines Vaters angerufen, da dort die kompetente Leiterin erste Hilfe mäßig ausgebildet ist. Auf bitten meiner Mutter erschien die Leiterin sofort bei uns zuhause, einschl. eigens mitgebrachtem Verbandszeug und hat meinen Vater professionell verbunden. Wir sind ihr bis heute dankbar, da sie es freiwillig und auf eigene Rechnung gemacht hat.

Kapitel 7

Appell an die Welt und Danksagung.

Der Titel des Buches sagt schon viel aus - Nur mal kurz die Welt retten - dies geht nur mit einer fünften industriellen Revolution. Diese Revolution geschieht friedlich und mit klarer Vorgabe eines Zeitfensters zum Erreichen die Ziele wie in meinem Buch beschrieben. Hier sind insbesondere die Herren und Damen Politiker aller Länder gefragt nun jetzt mal endlich nicht nur Kaffeetrinken und Küsschen rechts und Küsschen links, sondern sich endlich mal alle zusammen an einen Tisch setzen, ob Trump mit Putin und / oder Kim Jong-und / oder Merkel und vor allem alle Vertreter der Schwellenländer und ehemaligen Kriegsländer. Ziel muss es sein nicht immer nur CO2 Grenzwerte festzulegen, die ja sowieso nicht eingehalten werden können, wenn wir so weiter machen, sondern konkret Ziele zur CO2 Reduzierung mit Datum festlegen und diese dann auch umsetzen. Seit offen für technische Erneuerungen und Entwicklungen, es gibt genügend Arbeit für alle Menschen auf der Welt, man muss sie nur richtig verteilen. Baut CO2 freie Kraftwerke, schafft Brennstäbe in Atomkraftwerken ab und ersetzt diese mit einer Plasma Geothermalleitung mit Nutzung der kostenlosen Erdwärme. Entsorgt Atommüll in die flüssige Erde. Stoppt Verbrennungsprozesse in Autos und Kraftwerken und ersetzt diese durch zeitgemäße Technologie. Entwickelt menschliche Roboter die uns im Alltag begleiten und uns unterhalten und helfen. Baut Wasserstoff, Wasser und freie Energieautos, ersetzt Stahlturbinen bei Flugzeugen und in der Industrie durch leichte, treibstoffsparende Karbonteile. Baut die Wunderpflanze Jatropha an und gebt Leuten in armen Ländern Arbeit und Strom. Macht Strom und Wasser zu gesetzlichen Grundrechten für jeden Mensch. Betreibt echte Entwicklungshilfe für arme Länder und stoppt das einsammeln durch korrupte Gesellschaften. Gebt allen Menschen Medikamente und Nahrungsmittel. Öffnet weltweit sämtliche Landesgrenzen und heisst alle Leute jeder Nation und jeden Glaubens willkommen. Lasst jeden Menschen an den Gott glauben an den er will, es gibt uns

Menschen und Weltall sowie unendlich viele mal. Feiert das Verlassen eines Menschen von unserer Erde, auch sterben genannt, seit nicht traurig bei Beerdigungen, wir leben auf einer anderen Welt als Doppelgänger weiter, wir sind nur ein bisschen größer oder kleiner wegen der unterschiedlichen Gravitationskräfte. Lernt ab und zu mal Barfuss zu laufen, es steigert die Abwehrkräfte durch die direkt Berührung mit dem negativ geladenen Boden und trainiert die Fussmuskeln und macht Spass. Lernt wieder einander zu vertrauen, seit nicht neidisch auf andere die materialistisch eingestellt sind, Geld und Materialismus machen nicht glücklich, das einzig wahre Glück und Zufriedenheit findest du nur in dir selbst indem du dein Leben und deine Einstellung änderst. Ernähre die Biologisch, trinke 3-4 Liter natürliches Wasser ohne Kohlensäure, geh an die frische Luft, treibe Sport und vor allem lerne wieder das Lachen und glücklich sein. Stell dir täglich die Frage: Wer hat hier das Problem? In 90 % der Fälle haben andere das Problem. Lernt wieder glücklich und in Frieden zu leben, wenn alle Menschen Arbeit, Strom und Wasser haben und die Drogen legalisiert werden gibt es auch keine Kriege und Unzufriedenheiten mehr. Hört endlich auf zu Lügen und sagt einmal die Wahrheit. Behandelt gesetzlich Frauen und Männer gleich und gebt Ihnen den gleichen Lohn und die gleichen Rechte wie ein Mann. Stoppt die klimaschädliche Produktion und Verbreitung von Plastiktüten und Plastikverpackungen, vermeidet endlich eueren scheiss Plastikmüll und ernährt euch endlich gesund und nicht vom krankmachendem Aldi, Lidl oder Penny Industrie Fertigfraß. Biologische Nahrungsmittel müssen für alle Menschen zu erschwinglichen Preisen überall auf der Welt einzukaufen sein, ohne Verpackung, ohne Chemie, Naturbelassen, Ohne vergiftende Massentierhaltung und ohne das ganze von der Nahrungsmittelindustrie nicht näher bezeichnete giftige, chemische und krankmachende Dreckszeug. Bezahl endlich unsere armen Menschen anständig, es kann nicht sein das Verkäufer, LKW Fahrer, Reinigungskräfte, Altenpfleger und Krankenschwestern, etc. etwas mehr als ein Harzer, so wie ich der nichts arbeitet in der Tasche haben, wo kommt sonst die tägliche Frustration der Menschen und die Politikverdrossenheit her, kein Wunder bei dieser Politik, das wir bald vielleicht von einer rechtsradikalen Partei geführt werden, was das bedeutet, haben wir ja mit der Hitlerdiktatur gesehen. Macht euere Zahnpasta, Deos, Seifen, Cremes, Duschgels, Waschmittel, Backpulver, etc. selbst zu Hause mit Taschengeld und Natronpulver. Hier in Deutschland könnte Ihr zu einem echten Bio Lebensmittelge-schäft, Namens Temma mit sicher geprüfter Demeterqualität eure Nahrung kaufen, selbst frischen Fisch und frisches Fleisch bekommt man dort, man sagt euch wie lange das Schwein draussen im freien rumgelaufen ist, was es gegessen hat und wie es hiess und wie es tierwürdig starb, wenn es unbedingt Fleischkonsum sein muss. Wenn Ihr rauchen wollt, dann raucht gesund mit einer echten rauchlosen und verbrennungslosen Zi-garette überall wo Ihr wollt oder raucht euch eine THC-Liquid Cannabis Zigarette. Esst und trinkt auch Kurkuma und Ingwertee aus frischen Knollen, selbst Edeka hat dies im Angebot für sehr kleines Geld. Trink 3-4 Liter energetisiertes Wasser (ich habe mir eine Kupferkanne bestellt und lege dort ein paar billig zu kau-fende Edelsteine rein, so wird mein Wasser sauber, keimfrei und energetisiert). Esst nach Möglichkeit viel rohes Obst und Gemü-se, frische Kräuter, Pilze, etc. und wenn Ihr mal entspannen möchtet nehmt Cannabis. Führt die Kryptowährung ein und be-handelt alle Menschen gleich, ob arm oder reich, schwarz oder gelb, religiös oder nicht. Lasst uns sofort damit beginnen und miteinander sprechen um: Nur mal kurz die Welt retten. Nach-dem mich meine Schwester Marina aus Ihrem Haus rausge-schmissen hatte, habe ich meinem Onkel Herbert eine Whats App Nachricht gesandt und gefragt, ob ich bei ihm schlafen kön-ne. Er sagt ja, also fuhr ich in meine Heimatstadt Duisburg-Homberg- Hochheide. Dort angekommen, sass Herbert müde und abgeschlagen auf seinem Sofa und macht einen verschla-fenden Eindruck. Ich sagte ihm: Herbert, ich mach dir ein geiles Abendessen. Er sagte: Nee, lass mal, ich habe keinen Hunger. Ich sagte: ich mach mal, wenn alles fertig ist, kommt schon der Appetit von ganz alleine. Also machte ich mich in seiner versau-

ten Küche an die Arbeit und zauberte ein wunderschönes, naturbelassenes Essen für Herbert und mich zusammen, ich kochte
sogar Bio-Eier, Kartoffelpüree, machte uns Gurken, einfach alles
natürlich an Lebensmitteln, was ich in seinem dreckigen Kühl-
schrank fand. Auch stellte ich 2 Gläser Rote Beete Saft in Sekt-
gläsern hin, sowie einen herzhaften Schokoladenliquer. Ich gab
Herbert meine letzte Omega 3 Flasche und die Flasche mit der
jodhaltigen, lugolischen Lösung, sowie mein Magnesiumpulver.
Auch stellte ich natürlich einen Riesentopf mit Leitungswasser
auf den Tisch. Einen Granatapfel fand ich auch, habe diesen
professionell entkernt und auf einem Teller angerichtet, alles in
allem war der Tisch nach ca. 1 Std, reichlich mit naturbelassenen
Lebensmitteln gedeckt. Als ich Herbert zum Essen gerufen habe,
sagte er: Frank, lass mich in Ruhe, ich habe keinen Hunger. Ich
sagte: Herbert komm doch mal Rundschau Dir mein leckeres
Essen mal an, hab ich nur für Dich gemacht. Ich wusste ja, das
Herbert bereits von meiner Schwester oder Mutter Christel über
meinen „ Geisteszustand „ Bescheid wusste, dabeihabe ich mich
schon darauf eingestellt. In ging dann zurück in seinen Party-
raum und sah mir seine alten CD`s an. Ich musste mich ent-
scheiden zwischen Michael Wendler und Money M. Ich legte
Boney M ein. Nachdem ich Bonn M gehört hatte, holte ich meine
kleine Lautsprecherbox aus meinem Rucksack und hörte natürlich dann sofort das Bonbon aus Wurst, von Helge Schneider
und danach das Mörchen Lied, alles 3 x hintereinander, ich war
wieder gut drauf und habe mitgesungen. Als ich dann nochmal
zu Herbert ging, kam er dann schließlich mit mir mit und sagte
als er den schön gedeckten Tisch sah: was hast du denn hier
gemacht? Du räumst alles sofort wieder auf, du hast Unordnung
gemacht. Seine vorbeikommende Mieterin im Hause, sagte, das
ja alles nicht so schlecht aussehen würde, so war positiv ange-
tan. So lobte mich, Ichlaute sie, wir haben zusammen gelacht.
Als Herbert dann immer wütender wurde, sagte ich zu ihm;
komm Herbert, wir essen was leckeres, alles auf Naturbasis.
Herbert sagte, ich will das nicht, es ist besser Du gehst jetzt, er
sagte: Geh woanders hin, hier kannst du nicht bleiben. Da habe

ich halt meine, um die Ecke wohnende Mutter angerufen und gefragt, ob ich bei Ihr schlafen könne, sie sagte: Nein Frank, das geht nicht, du nimmst die Medikamente nicht und bist krank, hier kannst du nicht schlafen. Da bin ich nun zum Auto zurück und musste mein Übernachtungsproblem lösen, da ich ja als Harzer mir kein Hotel leisten kann.Ich habe meinen alten Freund Rahman angerufen, er war aber in dr Reha in Fulda, konnte mich also nicht aufnehmen. Dann habe ich meine alte Gleitschirmflieger Freundin Jutta angerufen, ich fragte Sie, ob ich bei Ihr pennen könnte, sie fragte warum? Ich sagte: weil mich alle rausgeworfen haben und ich nichts zum übernachten habe. Sie überlegte lange, - ich denke sie hatte Marina angerufen -, und dann habe ich nichts mehr von Jutta gehört. Das war also auch nichts. Als letztes blieb mein alter Freund Jimmy aus Frankfurt, dort angerufen, war natürlich wie immer - kein Anschluss unter dieser Nummer -, nach nochmaligem Versuch Jimmy zu erreichen, heute er den Hörer ab, ich sagte: Jimmy, ich habe nichts zum pennen, kann ich in Deine Bude kommen, er sagte: ja klar, komm vorbei, also fuhr ich nach Frankfurt. Dort angekommen, habe ich vor dem grossen, leeren Parkplatz, direkt vor dem Polizeipräsidium geparkt, - Besucher waren ja erlaubt - und ich war ja einer. Jimmy stürzte aufgeregt aus seiner Wohnung und sagte: Frank, hier kannst du nicht parken, hier parkt die Polizei. Ich sagte: Na und Parkplatz ist doch leer und ich finde nichts anderes. Er sagte: Frank, das geht so nicht, komm mit, ich zeige dir einen Parkplatz, wir sind dann los und nach schon einer halben Stunde haben wir einen Parkplatz in der Nähe seiner Wohnung gefunden. Wir haben ein bisschen gequatscht bis unser Freund Rafa kam, er war früher professioneller Fussballspieler. Rafa hat eine Fussballsporthalle in Frankfurt, die läuft ganz gut und er sucht und bildet ständig junge Fussballtalente aus. Später, wenn sie fit sind, verkauft er sie einfach wieder an Vereine. Plötzlich sagt Jimmy zu mir: Eh Alter, wir müssen jetzt sofort zu meiner Freundin Yasmin abhauen, ich kann hier nicht mehr pennen,

ich habe meine Miete seit mehreren Monaten nicht mehr bezahlt,
der Vermieter tauscht einfach den Türcode aus, dann kommen
wir nicht mehr rein. Ich sagte: OK, fahren wir zu Deiner Freundin
Yasmin.

Danksagung:

Ich möchte mich bei allen herzlich bedanken, welche mich beim Schreiben dieses Buches unterstützt haben, insbesondere meiner Schwester und meiner Freundin, welche auf mich ganze 5 Tage des Schreibens dieses Buches verzichten musste. Ich habe dieses Buch für meine Kinder geschrieben, die ich leider nicht oft sehen konnte und alleine mit den Müttern aufgewachsen sind und noch aufwachsen, dafür entschuldige ich mich bei meinen Kindern. In meinem nächsten Leben mache ich alles besser. Ich hoffe sehr, dass meine Gedanken und Anregungen von Politikern aller Länder sofort umgesetzt werden, sodass meine Kinder nicht in 20 Jahren mit der Welt untergehen und lange sicher, gesund und glücklich leben können, dafür will ich nur mal kurz die Welt retten. In einem zweiten und dritten Buch schreibe ich über ein glücklichen, langes und gesundes Leben, sowie meine Autobiographie, diesmal lasse ich mir aber min. 10 Tage Zeit um die Bücher fertig zu stellen, als Harzer habe ich ja genügend Zeit, da mich ja auch keiner mehr einstellen will, da ich so als seit und keine Erfahrung mit Kraftwerken hätte. Ich wünsche allen Menschen auf der Erde noch ein schönes, langes glückliches, friedliches miteinander und gesundes Leben, wenn wir von dieser Erde gehen, haben wir ja noch unendlich viele Doppelgänger von uns auf anderen Planeten in anderen unendlichen vielen Weltallen, also freut euch auf euer sterben. Ich sage Tschüss, bis zu meinem nächsten Buch und - immer lächelnd durchs Leben - gehen, denkt daran wer das Problem hat und lernt endlich wieder einander zu Vertrauen. Danke, euer Frank.